Arena-Taschenbuch
Band 1876

Isolde Heyne
wurde 1931 in Prödlitz bei Aussig geboren.
Durch die Nachkriegsereignisse kam sie nach Sachsen und lebte dann in Leipzig, wo sie auch studierte. 1979 entschloss sie sich, künftig in der Bundesrepublik Deutschland zu leben.
In den folgenden Jahren entstanden bemerkenswerte Kinder- und Jugendbücher, unter anderem »Treffpunkt Weltzeituhr« (Deutscher Jugendliteraturpreis 1985) und »Sternschnuppenzeit« (Buxtehuder Bulle 1989).
Ihre Bücher sind in viele Sprachen übersetzt worden.

Weitere Bücher von Isolde Heyne im Arena Verlag:
»Silbermond«
». . . und keiner hat mich gefragt!« (Taschenbuch Band 1511)
»Treffpunkt Weltzeituhr« (Taschenbuch Band 1672)
»Der Ferienhund« (Taschenbuch Band 1863)
»Tanea - Tochter der Wölfin« (Taschenbuch Band 1875)
»Wenn die Nachtigall verstummt« (Taschenbuch Band 2578)
»Was macht die Maus im Zirkus?« (Edition Bücherbär)
»Nele hat Geburtstag« (Edition Bücherbär)

Isolde Heyne

Tanea

Am Großen Fluss

Arena

1. Auflage als Arena-Taschenbuch 1998
Lizenzausgabe des Loewes Verlags, Bindlach

Umschlagillustration: Marlis Scharff-Kniemeyer
Gesamtherstellung: Westermann Druck Zwickau GmbH
ISSN 0518-4002
ISBN 3-401-01876-0

Die kleine Gruppe kam nur sehr langsam voran. Sie hatten den beiden Pferden schwere Lasten aufgebürdet. Ein Mann ritt auf dem Hengst, der sich kaum zügeln ließ. Die Stute trug geduldig die schweren Bündel. Sie wurde aber immer wieder durch das Fohlen behindert, das ihr übermütig vor die Beine lief. Die Stute wurde von dem zweiten Mann geführt. Er sah dem anderen sehr ähnlich. Auch er trug ein schweres Bündel auf seinem Rücken. Das Mädchen, das den Männern und den Pferden folgte, musste nichts tragen. Sie blieb weit hinter der Gruppe zurück. Immer wieder sah sie sich um.

Es fiel ihr schwer, das Tal, in dem sie so lange gelebt hatte, zu verlassen. Der Wolf, der sie begleitete, schien zu spüren, wie schwer ihr dieser Abschied fiel.

»Tanea! Komm!«, rief der Mann, der auf dem Hengst ritt.

Das Mädchen blickte noch einmal ins Tal zurück, dann schritt sie schneller aus, bis sie die anderen fast eingeholt hatte. Ihre Gedanken kreisten jedoch immer noch um das Zuhause, das ihr elf lange Winter und Sommer Geborgenheit geboten hatte. Sie konnte sich nicht vorstellen, wie ihr Leben künftig aussehen würde. Am liebsten wäre sie zurückgelaufen und hätte sich versteckt, bis Ezuk und Arun es aufgaben nach ihr zu suchen. Aber sie wusste, dass das nicht ging. Sie selbst hatte doch ihre Habe in die großen Bündel gepackt. Womit sollte sie jagen, Feuer machen, sich vor der Kälte schützen? Und wie sehr würde sie sich nach Ezuk sehnen. Auch Arun, seinen Bruder, würde sie vermissen. Einen eisigen Winter lang hatte Arun bei ihnen gelebt. Und nun waren sie gemeinsam aufgebrochen,

um zu den Flussmenschen zu gehen, wo Ezuks und Aruns Verwandte lebten.
Tanea seufzte. Ihr standen die Tränen in den Augen. Sie wusste, dass dieser Abschied vom Tal und der Höhle endgültig war. Sie schluckte die Tränen hinunter und warf entschlossen den Kopf zurück. Ihr langes blondes Haar hatte sie nur mit einem geflochtenen Lederband zusammengehalten. Auch deshalb würden die anderen sie misstrauisch anstarren. Arun hatte ihr erzählt, dass es im Clan der Flussleute keinen einzigen Menschen gab, der so helles Haar hatte wie sie. »Und auch keine Mädchen, die Männerarbeit verrichten«, hatte er lachend hinzugefügt.
Als Arun das gesagt hatte, war es tiefster Winter gewesen und sie hatten gemeinsam einen Elch erjagt. Damals war Tanea so stolz darauf gewesen. Diese Worte hatten wie ein Lob aus Aruns Mund geklungen. Aber jetzt?
Mit trüben Gedanken lief Tanea hinter den Männern und den Pferden her. Sie ließ sich auch nicht von ihrem zahmen Wolf ablenken, der versuchte sie in ein Spiel zu verwickeln.
Dort, bei den Flussmenschen, würde ihr Können und Wissen als Jägerin nutzlos sein. Und das, was sie von Frauenarbeit wusste, war mehr als dürftig.
Schon während dieses einen Winters, als Kirka und Jonk bei ihnen gelebt hatten, war es ihr immer überaus lästig gewesen, wenn Kirka ihr mal wieder beibringen wollte, wie man Felle und Lederstücke zusammenfügt, um daraus Kleidung zu fertigen, oder wie man Häute abzuschaben hatte, damit sie geschmeidig wurden. Tanea fand es viel schöner, einer Wildfährte zu folgen und zu jagen.

Tanea sah nach vorn, wo Ezuk der Gruppe auf dem Hengst voranritt.
Und nun haben wir auch noch ein Fohlen, dachte sie. Es wird einmal eine Stute sein und wieder Fohlen zur Welt bringen. Wir kommen nicht mit leeren Händen zu den Menschen vom Bärenclan am Großen Fluss.
Ob sie Ezuk wohl inzwischen verziehen hatten, dass er vor langer Zeit einen Bären getötet hatte, um seinen Bruder Arun zu retten? Der Große Höhlenbär war das Totemtier des Clans. Niemand durfte ein Totemtier töten. Ezuk hatte damals fliehen müssen. Jetzt brachte Arun sie dorthin zurück. Was mochte sie dort wohl erwarten?
Über all diesen Gedanken hatte Tanea kaum auf ihre Umgebung geachtet. Jetzt bemerkte sie, dass der Boden unter ihren Füßen sumpfiger wurde. Ihre Fellschuhe waren nass und schwer geworden. Viel lieber wäre sie jetzt auf den Rücken der Stute gestiegen, aber die trug fast alles, was Ezuk und sie besaßen. Tanea schloss zu den anderen auf, um Arun beim Führen der Stute abzulösen. Er sollte lieber versuchen ein Tier zu erlegen damit abends die Spieße über dem Feuer nicht leer blieben.
Arun war einverstanden, als ihm Tanea den Lederriemen aus der Hand nahm, an dem er die Stute führte. Er lockte den zahmen Wolf und die beiden entfernten sich von der kleinen Gruppe, um zu jagen. Der Wolf hatte sich längst an die beiden Männer gewöhnt.
Aber mich liebt er, dachte Tanea zufrieden. Ich habe ihn aufgezogen. Ein hilfloses kleines Bündel Fell war er, das ohne die Stutenmilch, die ich ihm gefüttert habe, verhungert wäre. Mognu hatte mich ausgelacht und die

Pferdeleute waren noch unfreundlicher zu mir als vorher. Aber der kleine Wolf war zäh. Er hatte überlebt.
»Bist du traurig, dass wir das Tal und die Höhle verlassen haben?«, fragte Ezuk.
Tanea schreckte aus ihren Gedanken auf. Unumwunden gab sie zu: »Ja. Ich bin traurig. Und wir hätten auch nicht weggehen müssen. Meinetwegen nicht.«
Ezuk hörte den Trotz in Taneas Stimme. Er ahnte ihre Angst vor dem, was sie erwartete. »Es ist wichtig für dich«, sagte er behutsam. »Wenn deine Mutter noch leben würde, hätte sie dir alles beibringen können, was ein Mädchen wissen und können muss. Du bist eine gute Jägerin geworden. Aber das reicht nicht, wenn du einem Mann an sein Feuer folgen willst. Meine Mutter wird dir vieles beibringen. Sie ist eine gute Frau. Du wirst gern bei ihr sein.«
»Nein. Ich wäre lieber mit dir im Tal geblieben. Lass uns zurückgehen, Ezuk. Ich will nicht zu den Menschen am Großen Fluss. Und du willst es doch auch nicht wirklich. Ich habe deine Gespräche mit Arun gehört. Ich weiß, dass nicht alle Flussleute uns willkommen heißen werden.«
Ezuk ritt eine Weile schweigend neben Tanea. Schließlich sagte er: »Es wird alles besser sein, als du es dir vorstellen kannst. Und ich werde dich immer beschützen, Tanea. Das wollte ich dir noch sagen. Solange ich lebe, werde ich für dich da sein.«
»Und wenn sie dir immer noch vorwerfen, dass du den Bären getötet hast, um das Leben deines Bruders zu retten? Wenn sie . . .«
»Sei still, Tanea. Arun hat mir versichert, dass sie das nicht tun werden. Wenigstens die meisten nicht. Und

freust du dich nicht darauf, Kirka wieder zu sehen, den Kleinen, und Jonk?«
Tanea antwortete nicht. Ja, sie freute sich auf die Menschen, die sie lieb gewonnen hatte. Aber das alles wog nicht das Bedauern darüber auf, dass sie ihr vertrautes Zuhause verlassen musste und eine ungewisse Zukunft vor ihr lag.
»Sie werden uns anstarren wie Geister, wenn wir mit dem Wolf und den Pferden kommen«, sagte sie verdrossen. »Ich weiß, wie das ist, wenn man anders ist. Die Pferdeleute haben mich das spüren lassen. Dort war ich auch fremd und sehr allein.«
Ezuk lächelte und schaute vom Pferderücken auf sie hinab. Sie war im letzten Jahr gewachsen. Er hatte auch bemerkt, wie ihr Körper runder wurde und ihre Bewegungen weicher. Immer mehr ähnelte sie ihrer Mutter, die er vor mehr als zehn Wintern halb erfroren im Schnee gefunden hatte, ein Kind an ihren Leib gepresst. Sie war eine Ausgestoßene, genau wie er. Drei Jahre hatte sie noch mit ihm in der Höhle gelebt, ehe sie starb. Irgendwann hatte er Tanea beim Namen ihrer Mutter genannt.
»Ich habe deiner Mutter versprochen für dich zu sorgen«, sagte er ernst. »Dazu gehört auch, dass du lernst, was eine Frau wissen muss. Oder willst du etwa keine Kinder haben und immer allein an einem Feuer sitzen? Willst du das?«
»Ich habe doch dich, Ezuk. Das genügt mir.« Wieder war Trotz in ihrer Stimme. »Oder warst du mit mir unzufrieden?«
Ezuk schüttelte nur den Kopf. Wie konnte er sie nur davon überzeugen, dass sie mehr brauchte, als er ihr geben konnte? Sie war zu einem jungen Mädchen herange-

wachsen, das er der Obhut einer Frau anvertrauen musste. Und deshalb hatte Ezuk sich auch trotz aller Vorbehalte, die er hatte, auf den Weg zu seinem Clan gemacht, der ihn vor Jahren ausgestoßen hatte. Eine bessere Frau als seine Mutter würde er nirgendwo für Tanea finden. Sie würde Tanea aufnehmen wie ihre eigene Tochter. Was mit ihm wurde, darüber machte er sich wenig Gedanken, auch wenn ihm Arun immer wieder versichert hatte, er könne ohne Gefahr zu den Menschen am Großen Fluss zurückkehren.
Als Krüppel, dachte er verbittert. Einer, der es einem Kind verdankte, noch am Leben zu sein.
Ezuk sah seinen Bruder Arun kommen. Auf den Schultern schleppte er Jagdbeute.
»Wir müssen uns nach einem guten Lagerplatz umschauen«, sagte er zu Tanea. »Sonst wird es dunkel, bevor wir etwas zu essen bekommen. Es scheint, dass es bis dahin noch viel Arbeit gibt.«
Tanea war es recht. Je länger sie brauchten, um an den Großen Fluss zu kommen, desto lieber war es ihr. Sobald sie den Fluss erreichten, würden sie sich von Arun trennen, der dort sein Boot mit allem Gepäck beladen und vorausfahren würde. Ezuk hatte es abgelehnt, im Boot mitzufahren. Tanea konnte verstehen, dass er lieber auf dem Rücken des Hengstes zu seinem Clan zurückkehren wollte, als mühsam auf den Krücken. Sie wünschte, die Tage, die sie nach der Trennung von Arun allein mit Ezuk, den Pferden und dem Wolf unterwegs sein würde, sollten nie zu Ende gehen.

Die Sonne strahlte vom wolkenlosen Himmel, als Arun mit

schwer beladenem Boot auf dem Fluss davonfuhr. Ezuk sah ihm nach, bis er hinter der Biegung des Flusses verschwand. Tanea schickte ihm einen langen Seufzer hinterher. Ezuk trennte sich nur ungern von seinem Bruder. In langen Gesprächen während des Winters waren sie einander so nahe gekommen wie nie zuvor. Sie hatten einander berichtet, was in den zehn Jahren geschehen war, die sie getrennt voneinander leben mussten. Ezuk war aber immer noch nicht davon überzeugt, dass auch die anderen seines Clans ihn willkommen heißen würden. Einen, den man ausgestoßen hat, nimmt man nicht zurück!

Tanea und er hatten nur das in ihrem Reisegepäck zurückbehalten, was sie unterwegs brauchen würden. Arun konnte den Weg bis zum Clan der Flussmenschen in seinem Boot viel schneller zurücklegen.

Sie mussten mit den Pferden dem Fluss folgen, sumpfigen Stellen ausweichen und unwegsame Felsen umgehen. Die Sonne würde noch oft im Westen untergehen, bevor sie die Menschen am Großen Fluss erreichen würden. Ezuk schloss die Augen und rief sich das Dorf am Fluss in Erinnerung. Dort, wo der Fluss weit genug von den Hängen, die sein Bett säumten, zurückwich, hatten sich die Menschen vom Bärenclan angesiedelt. Schon vor langer Zeit. Selbst seine Mutter und die Ältesten des Clans kannten nichts anderes als den Fluss, der ihnen Nahrung gab. Tief in die Hänge hatten sie ihre Höhlen eingegraben. Auch wenn der Fluss Hochwasser führte, waren sie in diesen Höhlen sicher, denn die Höhlen waren hoch genug am Hang.

Ezuk spürte Taneas Blick. Sie hatte seine Gedanken nicht unterbrochen. Aber jetzt, da er sich ihr wieder zuwandte, sagte sie: »Wir könnten noch umkehren, Ezuk. Sie werden uns nicht lieben. Dich nicht und mich auch nicht. Einen ganzen Sommer hätten wir Zeit uns wieder in der Höhle einzurichten, zu jagen, Vorräte anzulegen. Wir haben die Pferde . . .«

»Sei still, Tanea!« Ezuk ging nicht auf die beschwörenden Worte des Mädchens ein. Er wusste, dass sie Recht hatte. Es blieb ihm jedoch keine andere Wahl. Um ihretwillen machte er sich auf zu seinem Clan und er war sicher, nicht alle würden sich über seine Rückkehr freuen. Sie würden ihn seine körperliche Behinderung spüren lassen. Ein Krüppel war er, ein unnötiger Esser.

Ezuk richtete sich so gerade auf, wie es ihm möglich war. Ich werde es ihnen zeigen! Niemand soll für meine und Taneas Nahrung und Kleidung sorgen müssen. Bis sie einmal einem Mann an sein Feuer folgen wird, ist das meine Pflicht. Der Gedanke daran, wie bald das sein könnte, gab Ezuk einen Stich. Aber wer wird Tanea zu sich nehmen? Sie sieht nicht nur anders aus als die Mädchen des Clans, sie hat auch nicht viel von dem gelernt, was eine gute Gefährtin eines Mannes wissen sollte. Meine Mutter wird sie wie eine Tochter aufnehmen, dachte er. Aber Tanea ist anders. Sie beugt nicht demütig den Rücken. Tanea ist frei und stolz aufgewachsen.

Zufrieden betrachtete er das Mädchen. Sie hielt ihr langes blondes Haar mit einem schmalen Lederriemen aus dem Gesicht. Die Frühlingssonne hatte darauf schon eine leichte Bräune hinterlassen. Auch die Arme und Beine, die aus dem kurzen ledernen Kittel hervorschauten, waren gebräunt. Trotzdem unterschied sie sich auffallend von den Menschen seines Clans am Großen

Fluss. Sie würde später einmal viel größer sein als diese. Dazu viel schlanker von Gestalt. Sie würde dort immer auffallen und jeder würde sie sofort als eine Fremde erkennen.
Unter diesen Gedanken erreichten sie eine Stelle, die sich gut als Lagerplatz eignete. Tanea hatte es nicht eilig weiterzukommen. Sie war froh, wenn Ezuk eine Rast einlegte. Er durfte sich nicht zu viel zumuten. Er hatte Schmerzen im Bein, das wusste sie.
»Von hier aus bin ich umgekehrt und zu dir zurückgelaufen«, sagte Tanea, als sie die Pferde anpflockte. Hier durften sie nicht frei herumlaufen wie im Tal vor der Höhle. Wie schnell konnte eines verloren gehen, von einem wilden Tier gerissen werden oder sich verletzen! Der Verlust wäre unersetzlich. Und wenn sie schon zu den Flussleuten gehen mussten, dann wollte Tanea nicht mit leeren Händen kommen.
Es war eine gute Stelle, an der sie ihr Lager aufschlugen. Als Ezuk auf ihre Bemerkung nichts erwiderte, fügte Tanea erklärend hinzu: »Hier habe ich deine Krücken gefunden. Erst die eine, dann später die andere. Ich hatte mich am Fuß verletzt, als ich den Fisch fing.«
Ezuk brummte etwas in seinen Bart hinein.
Tanea bemühte sich ein Feuer in Gang zu bringen. Sie hatte zwar trockenen Zunder im Beutel, den sie an einem Riemen am Gürtel trug, aber das unterwegs gesammelte Holz war feucht und ließ sich nur schwer entzünden. Als sie endlich kleine Zweige auflegen konnte, trieb ihr der Qualm die Tränen in die Augen. Ezuk sah ihr schweigend zu. Nur der junge Wolf sprang aufgeregt um Tanea herum. Feuer war noch immer etwas Unheimliches für ihn.

»Komm, Wolf, wir fangen einen Fisch!« Tanea nahm weder ihre Wurfschleuder noch Bogen und Pfeile mit. Sie wusste, wie man einen Fisch mit bloßen Händen aus dem Fluss holte. An diesem Tage wollte sie Fisch über dem Feuer braten. Nicht nur einen Fisch. Mindestens zwei oder drei wollte sie an Land werfen.
Bald fand sie eine Stelle, an der dicke Fische träge im seichten Wasser standen. Tanea kam dicht heran und blieb dann bewegungslos in gebeugter Haltung stehen, bis die Fische näher schwammen. Schnell griff sie mit beiden Händen zu. Der erste Fisch zappelte am Ufer.
Sie musste nun warten, bis die anderen sich wieder beruhigt hatten. Ihr nächster Versuch schlug fehl. Der Wolf sprang zu ihr ins Wasser, als sie gerade zum zweiten Mal zufassen wollte. Geduldig wartete Tanea.
Schließlich konnte sie sogar vier fette Fische zum Feuer tragen. Geschickt schlitzte sie ihre Beute auf und nahm die Innereien heraus. Dann füllte sie Kräuter, die sie schon vorher für diesen Zweck gesammelt hatte, in die Fischbäuche. Sie spießte die Fische auf dünne Zweige, stapelte links und rechts des Feuers einige Steine und legte die Fischspieße darauf. Auf diese Weise würden sie nicht verbrennen, sondern langsam gar werden.
Ezuk beobachtete sie. Dann lobte er: »Du machst das gut. So als hättest du schon immer am Fluss gelebt.«
Tanea errötete. Einerseits freute sie sich über das Lob, andererseits erriet sie Ezuks Absicht, ihr die Angst vor dem Leben bei den Flussleuten zu nehmen. Sie gab deshalb keine Antwort.
Wenig später aßen sie die köstlich duftenden Fische. Der Wolf verschmähte seinen Anteil. Er machte sich davon, um selbst zu jagen.

Tanea beseitigte, die Reste der Mahlzeit. Ein wohliges Gefühl durchströmte sie. Und mit diesem Gefühl stellte sich unwillkürlich wieder der Wunsch ein, es möge immer so bleiben. Sie brauchte die Menschen vom Bärenclan nicht.

Sie legte sich neben Ezuk auf die Wiese und schaute ihn aus den Augenwinkeln an. Solange sie sich erinnern konnte, war ihr dieser Mann vertraut. Warum sollte es jetzt anders werden? Ezuk war immer gut zu ihr gewesen.

Ein verwegener Gedanke kam ihr: Von hier aus war sie schon einmal zur Höhle im Tal zurückgekehrt, obwohl Ezuk ihr eingeschärft hatte so lange am Fluss entlangzulaufen, bis sie seine Leute gefunden hatte. Wenn sie sich nun heimlich davonschlich, nachts, wenn Ezuk schlief! Sie konnte die Stute mitnehmen und das Fohlen. Der Hengst sollte bei Ezuk bleiben. Ezuk würde dann nichts anderes übrig bleiben, als sie zu suchen. Tanea wusste, er würde sie finden. Und dann war es für diesen Sommer gewiss schon zu spät, sich noch einmal auf den Weg zu seinem Clan zu machen.

Diese Gedanken beschäftigten sie. Sie konnte nicht einschlafen. Ich werde es tun, dachte sie immer wieder. Heute Nacht noch werde ich zurückgehen. Bevor Ezuk am Morgen erwacht, bin ich schon weit weg. Er wird mich nicht einholen können, bevor ich wieder in der Höhle bin.

In der Morgendämmerung schlich Tanea leise vom Lagerplatz. Sie hatte sich überzeugt, wie tief Ezuks Schlaf noch war. Tanea führte die Stute ein Stück, ehe sie aufsaß. Das Fohlen lief ohnehin neben seiner Mutter. Viel hatte Tanea

nicht mitnehmen können, ihre Felldecke, die Wurfschleuder, Pfeile und den Bogen. Auch Zunder und die Geräte, mit denen sie Feuer machen konnte. Alles andere schien ihr unwichtig.
Nach Tagen, an denen sie sich kaum eine Rast gegönnt hatte, erreichte sie endlich die Stelle, wo der Bach in den Fluss mündete. Nun war es nicht mehr weit bis zum Tal und der Höhle. Aber immer öfter schaute sie sich unruhig um. Manchmal beschlich sie ein banges Gefühl. Was war, wenn Ezuk sie gar nicht suchte, sondern ohne sie zu seinem Clan ritt? Sie fasste unwillkürlich nach ihrem Amulett, einem Bernstein, der einst ihrer Mutter gehört hatte. Nein, das würde er nicht tun! Sie malte sich aus, wie sie Ezuk wieder sehen wollte. Vor der Höhle würde sie auf ihn warten und ihn mit ihrem gemeinsamen Ruf begrüßen: »Hoaa! Hoaa!«
Sie erschrak, als sich ihr Ruf wie ein Echo wiederholte. Hatte sie laut gerufen? Noch bevor sie weiter darüber nachdenken konnte, hörte sie den Ruf noch einmal. Ein Glücksgefühl durchströmte sie, Ezuk war ihr doch nachgeritten, war schon nahe bei ihr. Nun würde alles gut werden. Ezuk würde einsehen, wie sinnlos es war, sie vom Tal und der Höhle wegzubringen. Alles würde gut werden.
Tanea sprang von der Stute und erwartete Ezuk, den sie nun auch schon sehen konnte. Als er herangekommen war, eilte sie zu ihm, um ihm beim Absteigen zu helfen. Sie hatte ihm dabei immer geholfen, wenn sie in der Nähe war. Diesmal wehrte er sie barsch ab, als sie ihm die Krücken reichen wollte. Sie erschrak vor dem finsteren Ausdruck in seinem Gesicht. Seine Augen funkelten vor Zorn.

»Dieser Fluss führt nicht zum Bärenclan der Menschen am Großen Fluss! Wieso bist du heimlich davongeschlichen?«
Tanea schaute ihm fest in die Augen, obwohl sie sich plötzlich vor seinem Zorn fürchtete. So hatte Ezuk sie noch nie angesehen. »Ich will nicht zu diesen Leuten.«
An Ezuks Schläfen schwollen die Zornesadern. Sie gaben seinem leicht entstellten Gesicht etwas Furcht Erregendes.
»Du hast mir zu gehorchen«, schrie er. »Ich werde dich . . .«
»Nein!« Tanea hatte das Gefühl, ihre Stimme müsse versagen. »Ich gehe nicht mit dir. Sie wollen dich nicht. Und mich auch nicht.«
Ezuk packte sie am Arm und zwang sie in die Knie. Tanea schrie vor Schmerz und Entsetzen. Noch nie hatte Ezuk ihr wehgetan.
Seine Stimme zitterte vor Zorn: »Du bist ein Mädchen, bald eine Frau. Ich werde dir zeigen, wie Männer den Ungehorsam brechen. Es ist höchste Zeit für dich, das zu lernen.«
Ezuk drückte Taneas Nacken mit einer seiner Krücken nieder. Ihr Gesicht berührte die feuchte Erde. Sie wollte aufspringen, sich wehren, schreien, davonlaufen. Aber die Kraft des Mannes war größer. Bei Ezuk hatte sie solche Gewalt nie zu spüren bekommen. Nur bei den Männern der Pferdeleute hatte sie solche Demütigungen erfahren, als sie entführt worden war.
Demütigung empfand sie auch jetzt und dieses Gefühl schmerzte mehr als die Gabel der Krücke, mit der Ezuk ihren Nacken beugte. Entmutigt und tief gekränkt, rührte sie sich nicht mehr.
»Du gehst mit mir zu den Leuten meines Clans. Meine

Mutter wird dir beibringen, was Gehorsam ist. Denkst du, ich könnte zurückkehren zu meinen Leuten und sagen, du wärest mir davongelaufen? Willst du meine Würde als Mann der Lächerlichkeit preisgeben? Ich sage es nur einmal: Bevor das geschieht, töte ich dich und dann mich. Willst du das?«
»Nein, nein«, schrie Tanea verzweifelt. Sie krallte ihre Finger in die Erde und versuchte freizukommen. Endlich nahm Ezuk die Krücke von ihrem Nacken. Verwirrt stand Tanea auf und sah Ezuk an. Warum hatte er sie so gedemütigt?
Ezuk wich ihrem Blick aus. »Mach Feuer. Wir schlafen hier. Morgen brechen wir früh auf.«
Schweigend saßen sie später beim Essen am Feuer. Tanea wickelte sich in ihre warme Pelzdecke. Sie wusste jetzt, dass es zwischen Ezuk und ihr nie wieder so sein würde wie damals, als sie zu zweit in der Höhle im Tal gelebt hatten. Alles würde anders werden, wenn sie bei den Leuten des Bärenclans am Großen Fluss waren.
Noch einmal zu fliehen wagte sie nicht. Sie wusste, es war Ezuk ernst mit seiner Drohung. Als sie sich schlafen legte, band Ezuk ihr Handgelenk mit einem Lederriemen an seins. In der Dunkelheit konnte Ezuk ihre Tränen nicht sehen.

Ezuk machte selten Rast. Tanea wusste, warum, er wollte die verlorene Zeit aufholen. Sie war traurig und müde. Ezuk war so einsilbig und abweisend.
Ich musste das tun, wiederholte Ezuk sich immer wieder in Gedanken. Tanea kann es jetzt nicht begreifen. Sie ist noch ein Kind, obwohl sie sehr selbstständig ist und eine

gute Jägerin. Es gibt sicher kein Mädchen im Bärenclan, das so viel erlebt hat und weiß wie sie. Nur eines hat sie nie gelernt, sich unterzuordnen. Ich habe ihr nicht beigebracht zu gehorchen. Es war nicht notwendig. Jetzt ist sie zornig. Sie versteht nicht, warum ich ihr das antun musste. Aber besser, dass ich ihr das erste Mal den Nacken gebeugt habe, als wenn es ein anderer tun würde. Sie wird es schwer haben . . .

Tanea ritt vor ihm. Mit ihrer schmalen Gestalt und dem hellen Haar erinnerte sie ihn immer mehr an ihre Mutter. Bilder, die er längst vergessen glaubte, stiegen in ihm auf. Ein warmes Gefühl der Zuneigung durchströmte ihn. Er wollte Tanea trösten und ihr sagen, wie schwer es ihm gefallen war, sie zu züchtigen. Aber er hatte Angst davor, was dieses Geständnis auslösen könnte. Ezuk hatte auch Angst vor dem, was ihn beim Bärenclan erwartete. Er wäre selbst gern wieder umgekehrt und hätte in der Höhle Zuflucht gesucht. Aber das wollte er vor Tanea nicht eingestehen. Wenn sie erst einmal am Fluss angekommen waren, gab es kein Zurück mehr.

Wie würde man sie aufnehmen? Hatte Arun nicht zu viel versprochen, als er versichert hatte, es seien nicht alle so wie Jaka? Was werden sie sagen, wenn sie mein zerschmettertes Bein und mein zernarbtes Gesicht sehen? Sie werden mir nichts mehr zutrauen. Sie werden mich für einen Krüppel halten.

Werde ich es ertragen, Wigu an Jakas Feuer zu sehen? Die Frau, die einst mein Feuer hätte hüten sollen.

Die Gedanken an Vergangenes und Gegenwärtiges bedrängten Ezuk Tag und Nacht. Als er bemerkte, wie nahe sie den Höhlen des Bärenclans schon waren, wollte er es nicht mehr aufschieben, mit Tanea zu reden. Sie saßen schweigend am niedrig gehaltenen Feuer. Tanea starrte in die Dunkelheit. Manchmal horchte sie auf, wenn der junge Wolf heulte. Sie dachte an die Zeit, die sie beim Pferdeclan in der Steppe gelebt hatte. Sie haben mich nicht haben wollen, dachte Tanea. Nur Mognu liebte mich. Wie würde es beim Bärenclan werden? Selbst Ezuk mochte sie ja jetzt nicht mehr.

Tanea wurde aus ihren Gedanken gerissen, als Ezuk plötzlich sagte: »Morgen werden wir meinen Clan erreichen. Ich weiß nicht, ob ich dann noch ungestört mit dir reden kann, Tanea. Aber ich muss dich zu meinen Leuten bringen, das habe ich deiner Mutter versprochen. Sie muss geahnt haben, wie wenig Lebenskraft in ihr war, als sie mich bat immer für dich zu sorgen.«

Tanea antwortete nicht. Aber sie war froh, dass Ezuk wieder mit ihr sprach. Sein tagelanges Schweigen war schrecklich für sie gewesen.

»Ich muss dir noch etwas sagen. Tanea war der Name deiner Mutter. Irgendwann rief ich dich auch so. Ich kann mich nicht mehr erinnern, wie deine Mutter dich nannte.«

Tanea griff nach dem Bernsteinamulett. Es schien ihr wie ein Halt, an den sie sich klammern konnte, wenn sie nicht mehr weiterwusste. »Dann habe ich gar keinen eigenen Namen?«, fragte sie. Ihre Stimme klang unsicher und dünn, weil sie lange nicht gesprochen hatte.

»Es ist der Name deiner Mutter.« Ezuk ließ ihr Zeit sich an den Gedanken zu gewöhnen.

»Ich will den Namen behalten«, sagte Tanea schließlich. »Du hast ihn mir gegeben.«

Ezuk nickte. »Es sollte deine Entscheidung sein. Noch

etwas wollte ich dir sagen, Tanea. Es tat mir sehr weh, als ich deinen Nacken wegen des Ungehorsams beugen musste. Aber du solltest wissen, wie die Männer des Bärenclans bestrafen. Ich werde es nie wieder tun . . .«

Noch bevor Ezuk weitersprechen konnte, schlang Tanea ihre Arme um seinen Hals und weinte hemmungslos. Mit ihrem Schluchzen lösten sich die Angst und die Einsamkeit der vergangenen Tage. Ihr Zorn über die erfahrene Demütigung wurde mit den Tränen weggeschwemmt. Sie spürte nur noch die tiefe Zuneigung, die sie von jeher für Ezuk empfunden hatte.

»Ich habe Angst vor diesen Leuten«, gestand sie unter Tränen und lehnte ihren Kopf an Ezuks Brust. »Wenn du nicht dort bleiben könntest . . .«

Ezuk legte seinen Arm um Tanea. »Ich werde bleiben, wenn sie mich nicht davonjagen. Auch wenn sie mich als Krüppel verspotten und beleidigen. Deinetwegen werde ich bleiben. Aber wirst du es ertragen können?«

Tanea wagte nicht, Ezuk noch einmal zu bitten umzukehren und mit ihr wie bisher in der Höhle im Tal zu leben. Deshalb sagte sie entschlossen: »Ich werde dir keinen Kummer mehr bereiten. Es ist gut, dass du mir jetzt alles gesagt hast.«

Die Sonne neigte sich schon, als sie in der Siedlung am Großen Fluss ankamen. Die Leute des Bärenclans schienen ihre Ankunft erwartet zu haben. Sie drängten sich neugierig um die Ankömmlinge, die mit ihren Pferden und dem jungen Wolf ein ungewohntes Bild boten. Tanea hatte darauf bestanden, den Wolf bei sich zu haben, zu seiner Sicherheit. Wäre er später zu der kleinen Gruppe gestoßen, hätte ihn vielleicht einer der Jäger getötet. Sie hatte auf dem letzten Stück Weges immer darauf geachtet, den Wolf in ihrer Nähe zu haben. Unter den staunenden Männern, Frauen und Kindern erblickte Tanea auch Kirka und Jonk. Auch Arun entdeckte sie rasch. Er eilte ihnen freudig entgegen. Tanea rutschte behände von der Stute, um Ezuk unauffällig zu helfen, falls ihm das Absteigen von seinem Hengst schwer fiel. Sie wusste um seine Angst, von den anderen als Krüppel verspottet zu werden. Aber Ezuk glitt rasch vom Pferd und stützte sich unauffällig auf den Stock.

Tanea verstand, dass Arun sie nur kurz mit den Augen begrüßte und sich gleich seinem Bruder zuwandte. Er wollte Ezuk ebenfalls eine Stütze sein, wenigstens in den ersten Augenblicken, da sie im Mittelpunkt der Aufmerksamkeit standen. Tanea nahm die Pferde und führte sie aus dem Kreis, den die Leute um sie gebildet hatten. Sie pfiff auch den Wolf zu sich und war froh, dass er ihr sofort gehorchte. Die Leute sollten gleich wissen, wie zahm und gehorsam er war. Vor ihm mussten sie sich nicht fürchten.

Ein Junge, etwas älter als sie, ging mit ihr. Als sie sich nach einer Möglichkeit umsah die Pferde anzupflocken, fragte er, wonach sie suche. Bald hatten sie eine geeignete Stelle gefunden.

»Bist du Tanea?«, fragte der Junge. »Und sind das eure Pferde?«

»Ja. Es sind unsere Pferde. Ich heiße Tanea. Wie heißt du?«

»Henek. Meine Mutter Wigu hütet das Feuer von Jaka.«

Tanea erschrak. Warum musste ihr gerade dieser Junge als Erster über den Weg laufen? Sie wusste, dass Jaka

ein erbitterter Feind Ezuks war. Sie legte das Gepäck ordentlich zusammen und machte sich wieder auf den Weg zu Ezuk. Der Junge blieb an ihrer Seite. Sie war deshalb froh, als ihr Kirka mit dem kleinen Ezu entgegenkam. Die junge Frau freute sich über das Wiedersehen.
»Wir haben schon lange auf euch gewartet. Schau, wie groß Ezu schon geworden ist.«
Tanea nahm den Kleinen auf den Arm. Der zauste sofort ihr langes helles Haar und krähte fröhlich.
»Ezu?«, fragte Tanea.
Kirka lachte. »Wir müssen ihn doch vom großen Ezuk unterscheiden können. Womöglich kommen beide angelaufen, wenn es etwas Gutes zu essen gibt.«
Kirka lachte ihre Rührung und Verlegenheit weg. Sie nahm Tanea das Kind wieder vom Arm und drängte sich mit ihr durch die Leute, die um Ezuk und Arun herumstanden. Alle redeten durcheinander, aber es waren freundliche Worte.
Bei Ezuk und Arun stand eine ältere Frau. Tanea wusste sofort, das ist Luta, Ezuks Mutter. Sie hielt sich ein bisschen im Hintergrund, um die Frau unauffällig beobachten zu können. Sie war groß und hielt sich sehr gerade. Ihr Haar war fast weiß. Irgendwie ging etwas Gebietendes von ihr aus. Sie war anders als Mognu, an die Tanea immer gedacht hatte, wenn sie sich Ezuks Mutter vorgestellt hatte.
Unwillkürlich reckte sich Tanea und hielt ihren Kopf hoch. Sie wollte ihre Befangenheit nicht zeigen, schon gar nicht ihre Angst vor der ersten Begegnung mit Ezuks Mutter, die ihr sicher vieles verbieten würde, was ihr bisher Freude gemacht hatte.
Als ob Luta Taneas Blicke gespürt hätte, blieb sie stehen

und drehte sich um. Tanea ging auf die Frau zu. Sie wich ihrem forschenden Blick nicht aus. Über Lutas Gesicht glitt ein freundliches Lächeln.
»Sei willkommen, Tanea. Du wirst mit Ezuk an Aruns Feuer leben, wo auch ich meinen Platz habe.«
Sie zog Tanea in ihre Arme. Tanea spürte ein leichtes Zittern und den schnellen Schlag des Herzens dieser Frau. Sie hat auch Angst, dachte sie. Wovor?
So viele Eindrücke stürmten auf Tanea ein. Sie war sehr froh darüber, mit Ezuk zusammenbleiben zu können. Aruns Frau und deren Sohn schienen sich über den Zuwachs an ihrem Feuer zu freuen. Da es inzwischen dunkel geworden war, konnte Tanea nicht viel mehr sehen, als der Schein des Feuers zeigte. Nur die Blicke der anderen spürte sie und sie lauschte auf die ungewohnten Laute so vieler Menschen.
»Ich muss nach den Pferden sehen«, sagte sie zu Ezuk. »Und nach dem Wolf.«
Als sie aufstand, erhob sich auch Luta. »Ich gehe mit dir.«
Jetzt erst fiel Tanea auf, wie viele Höhlen in dem Hang waren. Aus allen leuchtete nun ein Feuer. In der Aufregung der ersten Stunden war ihr nicht aufgefallen, dass Jonk und Kirka nicht an ihrem Feuer saßen. Sie wagte es nicht, Luta danach zu fragen. Sie wollte nicht neugierig erscheinen. Hinter Ezuks Mutter ging sie in der Dunkelheit dorthin, wo sie bei der Ankunft die Pferde angepflockt hatte. An ihren Beinen strich der Wolfsrüde entlang. Tanea fasste in sein dichtes Fell.
»Ist das der Wolf, den du mit Stutenmilch aufgezogen hast?«, fragte Luta.
Tanea war überrascht. »Hat Arun dir das erzählt?«

»Ja. Er hat viel von dir erzählt. Ich möchte dir danken, Kind. Ohne deinen Mut wäre mein Sohn gestorben.«
Tanea schluchzte leise auf. Tränen liefen ihr übers Gesicht. Luta nahm sie noch einmal in den Arm. Aber diesmal drückte sie Tanea fest an sich. »Sei willkommen, Tanea. Vor mir brauchst du dich nicht zu fürchten. Du wirst mir eine Tochter sein.«
In dieser Nacht hatte Tanea unruhige Träume. Luta hatte ihr einen Schlafplatz neben ihrem eigenen zugeteilt. Ihre Felle waren auf einer dicken Schicht getrockneten Grases ausgebreitet, das zusätzliche Wärme spendete. Tanea atmete tief den Geruch ihrer Schlaffelle ein. Sie war seit ihrer Kindheit an sie gewöhnt und auf der langen Reise zum Bärenclan am Großen Fluss hatte sie ihre Felle sehr vermisst. Tanea ahnte, dass ihr dieser Schlafplatz noch oft ein Zufluchtsort werden sollte.
Neben ihr lag Luta. Sie schien ebenfalls noch lange wach zu sein. Tanea lauschte ihrem unregelmäßigen Atmen. Ob ich hier jemals so glücklich sein werde wie in unserer Höhle, dachte sie.
In Taneas Träumen tauchte auch Mognu auf. Sie hatte ihre Knöchelchen auf einem Lederstück ausgebreitet und murmelte: Gut. Gut so . . . Und dann verschmolzen Mognus Gesichtszüge mit denen von Luta. Tanea wachte auf, als der kleine Ezu zu ihr auf die Felle krabbelte und mit seinen kleinen Fingern versuchte ihre Augen zu öffnen. Sofort war Tanea hellwach. Sie streichelte den Kleinen zärtlich, schob ihn dann aber doch schnell von sich, als sie Luta und Kirka schon am Feuer hantieren sah. Sie warfen gerade die erhitzten Steine in die Kochgrube, in der Tanea Wurzeln und kleine Fleischstücke erkannte.

Kirka erhob sich. »Komm, ich werde dir zeigen, wo die Frauen ihre Notdurft verrichten.«
Tanea erinnerte sich nicht daran, Kirka und Jonk am vergangenen Abend am Feuer gesehen zu haben. »Wo warst du gestern Abend?«, fragte sie.
»Wir leben nicht mit Arun zusammen, sondern mit Jonks Familie«, erklärte Kirka. »Ich dachte nur, es wäre dir lieber, wenn ich dir alles zeige. Mich kennst du schon lange.«
Tanea war der jungen Frau dankbar dafür. Sie hatte sich gestern wirklich gescheut zu fragen. Sie liefen aus der Wohnhöhle Aruns hinaus in Richtung des Flusses. Kirka deutete auf ein dichtes Gebüsch.
»Hier«, sagte sie. »Hast du schon deine Mondblutungen?«
Tanea nickte.
»Dann sage es mir, wenn du etwas brauchst.«
Tanea nickte wieder. Sie wusste, wie sie sich zu verhalten hatte. »Und wo kann ich mich waschen und baden?«
Kirka zeigte ihr die Stelle im Fluss, die den Frauen vorbehalten war. »Kannst du schwimmen?«, fragte sie.
»Ja.«
Alles war so neu, so fremd. Tanea war es nicht gewohnt, mit vielen Menschen zusammen zu sein. Den größten Teil ihres Lebens hatte sie allein mit Ezuk verbracht. Wo war Ezuk überhaupt? Sie hatte ihn nicht bei Luta gesehen.
»Du kannst mich immer fragen, wenn du etwas wissen willst oder wenn du etwas nicht verstehst«, bot Kirka ihr an. Dann machte sie sich auf den Rückweg zu den Höhlen und ließ Tanea allein.
Endlich! All das Neue verwirrte sie und machte sie unsicher. Sie wusste nicht, wann sie sich richtig verhielt

oder wann sie irgendetwas falsch machte. Zögernd streifte sie ihren weichen Lederkittel ab und machte ein paar Schritte in den Fluss hinein. Sie tauchte im eiskalten Wasser unter und schwamm weiter in die Mitte. Der Fluss war hier breiter. Tanea spürte die stärkere Strömung. Vorsichtshalber schwamm sie wieder zum Ufer zurück.

Hier im Fluss bin ich frei, dachte sie. Auch wenn es nur für eine ganz kurze Zeit war, hierher folgte ihr niemand. Hier konnte sie ihren Gedanken nachhängen. Sie nahm sich vor, sich noch andere Möglichkeiten zu überlegen, wie sie den anderen entrinnen konnte.

Als sie aus dem Wasser stieg, lief ihr eine Gänsehaut über den Körper. Schnell zog sie ihren Kittel wieder über. Sie hatte vergessen sich die Haare hochzubinden. Jetzt musste sie die langen, nassen Strähnen mit der Hand auswringen. Sie blieb noch eine ganze Weile auf einem großen Stein an der Badestelle sitzen. Ihr Haar trocknete jetzt schnell in der Sonne und im leichten Wind. Ich muss nach den Pferden sehen und nach dem Wolf, dachte sie. Und als ob ihre Gedanken das Tier herbeigeholt hätten, tauchte der Wolf am Ufer auf.

»Komm, Wolf!«, lockte Tanea. Sie vergrub ihr Gesicht in seinem weichen Fell. »Sei vorsichtig!«, mahnte sie den Wolf. »Sie mögen uns hier nicht.«

Tanea erinnerte sich an die argwöhnischen Blicke mancher Flussleute. Ein Wolf war für sie ein Raubtier, das man töten musste. Und Pferde kannten sie bisher nur in großen Herden, die über die Steppen zogen, scheu und wild. Aber als Tragtiere und gar zum Reiten? Tanea konnte sich vorstellen, was hinter ihrem Rücken getuschelt wurde.

Sie nahm eine ihrer langen blonden Haarsträhnen zwischen die Finger und betrachtete sie versonnen. Nein, Menschen mit so hellem Haar gab es hier im Bärenclan nicht. Die Flussleute waren alle dunkelhaarig.
Nur widerwillig trennte sich Tanea von ihrem Platz auf dem Stein. Sie wusste nicht, ob man von ihr erwartete etwas zu tun. Bisher hatte sie immer selbst bestimmt, was sie machen wollte. Aber hier war das gewiss anders. Sie ging zurück zu den Höhlen am Berghang.

Es fiel Tanea nicht leicht, sich an das Leben in einer großen Gemeinschaft zu gewöhnen. Damals bei den Pferdeleuten war sie nie eine der Ihren gewesen. Sie war eine Außenseiterin geblieben. Mognu hatte ihr eine Sonderstellung eingeräumt und sie beschützt. Aber hier bekam sie sehr bald zu spüren, wie wenig man ein Mädchen schätzte, das alle Frauenarbeit nur unvollkommen beherrschte. Auf ihre Fähigkeiten bei der Jagd war niemand angewiesen. Es gab genügend Männer, die ausreichend Fleisch erjagten.
Luta hatte viel Geduld mit Tanea. »Du musst den Schaber anders halten«, erklärte sie ihr, als sie sich damit abmühte, ein Tierfell zu säubern. Sie führte Taneas Hand und zeigte es ihr. Es kostete tatsächlich weniger Mühe. Aber die Anstrengung war es nicht, was Tanea an dieser Arbeit so schrecklich fand. Das stundenlange Stillsitzen machte ihr zu schaffen. Ganz gleich, ob sie eine Tierhaut säuberte oder einen Korb zu flechten versuchte. Keine der Arbeiten, die die Frauen beim Bärenclan verrichteten, machte ihr Spaß. Sie fühlte sich eingesperrt. Sie vermisste es, allein durch die Gegend zu streifen. Tanea seufzte tief und rieb sich den schmerzenden Rücken.

»Was ist? Tut dir etwas weh, Tanea?«, fragte Luta.
Tanea schob die Tierhaut beiseite und erhob sich aus ihrer knienden Haltung. Dann setzte sie sich aber doch neben Luta, die auf ein weiches ledernes Tuch getrocknete Kräuter von den Stängeln streifte.
»Mein Rücken schmerzt ein wenig«, gab sie zu. »Aber deswegen habe ich nicht geseufzt, Luta. Ich denke zu oft zurück. Im Tal mit Ezuk war es viel schöner. Da musste ich nicht tagelang immer die gleiche mühsame Arbeit . . .«
»Ich weiß, Tanea. Dir fehlt das Umherstreifen. Du hattest mehr Verantwortung, aber auch mehr Freiheiten. Ist es das?«
»Ja«, gab Tanea unumwunden zu. »Ich fühle mich hier so festgehalten. Warum kann ich nicht mit meinem Pferd ein Stück wegreiten und den Wolf mitnehmen? Ich könnte jagen . . .«
Luta bremste Taneas Tatendrang. »Beim Bärenclan jagen die Männer. Und nur zum Vergnügen mit dem Pferd umherzureiten würde einer Frau nie einfallen. Es gibt sehr viel Arbeit. Und du musst auch noch viel lernen.«
»Ich weiß nicht, ob ich das lange aushalte«, sagte Tanea leise.
Sie ärgerte sich über die Tränen, die ihr in die Augen stiegen. Nie vorher hatte sie ihren Kummer so schnell auf diese Weise gezeigt. Seit sie bei den Flussleuten lebte, kamen ihr viel zu oft Tränen in die Augen. Sie wischte schnell mit der Hand über das Gesicht. Luta hatte es aber trotzdem bemerkt.
»Du wirst dich daran gewöhnen«, tröstete sie. »Alle Mädchen müssen lernen, was sie als Gefährtin eines Mannes . . .«

»Ich will keinem Mann an sein Feuer folgen«, sagte Tanea schnell. »Lass mich wenigstens bei dir bleiben, Luta.«
Luta lächelte ein wenig. »Hilf mir die Kräuter in den Korb zu schütten«, bat sie.
Tanea stellte den Korb zurecht und schlug die Enden des ledernen Tuches zusammen, sodass sie die duftenden Kräuter in das Gefäß füllen konnte. »Wofür brauchst du sie? Und welchen Namen haben sie?«
»Man kann daraus ein Getränk bereiten, das hilft, wenn jemand hustet und in der Brust Schmerzen hat. Es ist Huflattich und löst den Schleim, der das Atmen schwer macht.« Luta schaute bei ihrer Erklärung aufmerksam in Taneas Gesicht. Sie wollte wissen, ob die Frage nur gestellt worden war, um von der Arbeit abzulenken, oder ob Tanea sich wirklich dafür interessierte.
»Mognu kannte auch viele Kräuter«, berichtete Tanea. Ihre Augen sahen in die Ferne. »Ich habe ihr geholfen sie zu sammeln. Bei den Pferdeleuten brauchten nicht nur die Menschen Medizin, sondern auch die Tiere. Aber es waren andere Kräuter, die ich in der Steppe suchte.«
»Vielleicht findest du einige davon ja auch hier«, sagte Luta. »Du hattest noch nicht viel Gelegenheit danach zu suchen. Weißt du noch, wofür Mognu ihre Kräuter benutzte?«
Tanea dachte nach. »Einiges weiß ich noch. Aber es hat hier sicher einen anderen Namen. Wenn ich die Pflanzen sehe, könnte ich dir sagen, wozu sie gut sind. Als Ezuk verletzt war, habe ich einen großen Fehler gemacht. Ich habe seine Wunden mit Wasser gereinigt. Dadurch heilten sie schlecht.«

»Und was hast du dann getan, damit sie sich schlossen?«
»Ezuk sagte, ich solle Tonerde auflegen. Das war gut. Ich habe es jeden Tag neu gemacht. Damals habe ich gelernt, wie wichtig es ist, die richtigen Mittel zu kennen.«
Luta nickte. »Willst du bei mir lernen, wie man Krankheiten heilt?«, fragte sie.
»Ja, das möchte ich sehr gerne lernen«, antwortete Tanea. »Aber wird sich jemand von mir helfen lassen? Ich bin jetzt schon zwei Monde bei euch, doch sie wollen mich nicht haben. Sie gehen mir aus dem Weg.«
Wieder schimmerten Tränen in Taneas Augen. »In unserem Tal war ich auch viel allein, aber ich habe es nie so gespürt wie hier.«
Luta strich ihr sanft das Haar aus dem Gesicht. »Du musst ihnen Zeit lassen, Tanea. Ezuk hat es noch viel schwerer als du. Er will ihnen beweisen, was er noch kann, trotz seiner Krücken. Hab Geduld, Tanea. Wenn du etwas kannst, werden sie deine Hilfe suchen. Morgen nehme ich dich mit. Wir werden sehen, was dir Mognu beigebracht hat. Sie ist eine kluge Frau.«
Am nächsten Morgen machten sich Tanea und Luta zeitig auf den Weg. Tanea war glücklich endlich einmal wieder aus dem Dorf wegzukommen. Luta lächelte. Sie liebte das Mädchen und sie konnte auch verstehen, dass Ezuk sehr an Tanea hing.
Er hatte sie allein erzogen. Freilich erzogen, wie ein Mann einen Knaben erziehen würde. Aber das musste ja nicht von Schaden sein, wenn Tanea jetzt noch lernte, was sie als Mädchen wissen und können musste. Ungeschickt war sie nicht, nur machte ihr die oft eintönige Arbeit eben kein Vergnügen.
Als sich der zahme Wolf zu den beiden gesellte, wurde

Tanea richtig fröhlich. Sie kraulte dem Tier den Kopf und forderte es zum Spielen auf. Dabei erzählte sie Luta ausführlich, wie sie den hilflosen Welpen bei seiner toten Wolfsmutter gefunden hatte. »Ich konnte ihn doch nicht umkommen lassen«, schloss sie ihren Bericht. »Der Wolf ist das Totemtier des Clans, zu dem meine Mutter gehörte.«

Luta kannte die Geschichte von Ezuk. Sie wusste, dass Taneas Mutter es nicht übers Herz gebracht hatte, den Säugling gemäß dem Beschluss des Clans auszusetzen. Es war auch im Bärenclan üblich, Kleinkinder auszusetzen, von denen man glaubte, sie seien zu schwach, um zu überleben. Auch Luta machte sich Gedanken darüber, ob das immer notwendig oder richtig war. Tanea hatte überlebt, trotz schwieriger Bedingungen. Und ihre Mutter hatte noch drei Winter für ihr Kind sorgen können. Mit Ezuks Hilfe, dachte Luta. Taneas Mutter war Ezuk gewiss eine gute Gefährtin in seiner Einsamkeit gewesen.

Tanea war schon ein sonderbares Mädchen. Sie wusste mehr als viele andere ihres Alters. Sie wusste viel, wovon andere Mädchen keine Ahnung hatten. Trotzdem war sie in manchen Dingen unwissend wie ein Kind.

Unterdessen waren Luta und Tanea an einer Stelle des Flusses angekommen, wo die Weiden mit ihren Zweigen fast das Wasser berührten. Tanea genoss diesen Ausflug mit Luta. Es war schon so lange her, seit sie allein an diesem Fluss entlanggewandert war.

Luta legte ihren großen Korb ins feuchte Gras und tastete mit den Händen über die Rinde der Weiden. Dann nickte sie zufrieden.

Sie legte eine mitgebrachte Lederhaut unter einem

Baum aus und gab Tanea ein scharfes Steinmesser. »Löse vorsichtig die Rinde von den Stämmen. Aber nicht alle, damit die Weide nicht krank wird und abstirbt. Es sind genug Bäume da, die uns ein wenig von ihrer Rinde schenken werden.«

Tanea schaute aufmerksam zu, als Luta die Rinde einschnitt und sie behutsam vom Stamm der Weide löste.

»Wofür verwendet man die Rinde?«, fragte sie.

»Sie hilft gegen Schmerzen. Man kocht daraus einen Sud, der sehr stark eingedickt wird.«

Tanea machte sich an die Arbeit. Luta freute sich darüber, wie geschickt Tanea dabei vorging. Wenn ihr eine Arbeit Freude macht und sie den Nutzen einsieht, klagt sie auch nicht, dachte Luta.

Bald hatte sie eine große Menge Weidenrinde gesammelt. Der Korb war bis oben voll.

Tanea schlang die Enden der ledernen Decke zu einem Knoten zusammen und lud sich die Last auf den Rücken.

»Lege dein Bündel noch mal ab, Tanea. Wir wollen noch ein wenig ausruhen, bevor wir zurückgehen. Setz dich zu mir. Wirst du den Weg hierher finden, um allein Rinden zu schneiden?«

»Ja«, sagte Tanea. Ihr Herz schlug schneller vor Freude. Diese Frage bedeutete, dass sie künftig die Möglichkeit haben würde, allein das Dorf zu verlassen. »Ich könnte auch mit dem Pferd hierher kommen. Auf dem Rückweg könnte ich das Bündel und den Korb tragen . . .«

Luta lächelte und nickte zustimmend. Sie wusste, welche Freude sie Tanea damit machte. Die Clanmitglieder würden allerdings nicht so froh darüber sein, weil Tanea damit eine Sonderstellung zufiel. Aber das würde sie schon durchsetzen. Im Clan hatte sie einigen Einfluss. Das wurde auch von den Männern anerkannt. Luta war entschlossen Tanea all das über Kräuter und die Behandlung von Krankheiten und Wunden beizubringen, was sie selbst wusste. Dann würden auch die anderen sie irgendwann akzeptieren.

»Und du hast Ezuk ganz allein auf der schweren Lederhaut in die Höhle gezogen?«, nahm Luta das Gespräch wieder auf.

»Ja, Luta. Ich hatte schreckliche Angst, dass er nie wieder die Augen öffnen und mit mir sprechen würde.«

»War Ezuk lange ohne Bewusstsein?«

»Ich weiß nicht mehr, wie oft die Sonne aufging und wieder versank. Es war schrecklich lange. Ezuk hatte Fieber und seine Wunden eiterten. Ich wusste nicht, was ich tun sollte.«

»Du hast alles richtig gemacht, Kind.« Luta strich ihr sanft übers Haar und dachte nach. »Es gibt vielleicht eine Möglichkeit, dass Ezuk wieder laufen kann. Ohne seine Krücken.«

Als Tanea sie nur verständnislos ansah, erklärte sie: »Wenn du so viele Tage nach Norden läufst, wie du Finger an beiden Händen hast, kommst du zu den Hohen Bergen. Man kann sie von hier aus nicht sehen. Die Menschen unseres Clans sagen, dort leben die Geister. Gute Geister und böse Geister. Dort in den Bergen wohnt der alte Bärengeist. Die Menschen vom Bärenclan fürchten sich in den Hohen Bergen. Aber ich war schon mehrmals dort. Hast du Mut, Tanea, mich dorthin zu begleiten? Wir könnten Ezuk helfen . . .«

Ohne auch nur einen Herzschlag zu zögern, willigte Tanea ein. »Ich würde alles tun, um Ezuk zu helfen.«

»Ich weiß, mein Kind. Aber es ist viel, was ich von dir verlange. Vor allem eins: Du musst über unser Vorhaben schweigen.«
»Ich werde schweigen.«
Mehr hatte Tanea an diesem Tag nicht erfahren.

Tanea lauschte auf die Geräusche der Nacht. Sie konnte sich immer noch nicht daran gewöhnen, mit so vielen anderen zusammen in einer Höhle zu schlafen, die viel kleiner und niedriger war als die, in der sie so viele Jahre mit Ezuk gelebt hatte. Ihre Schlaffelle lagen neben denen von Luta. Auf der gegenüberliegenden Seite schliefen Arun und seine Frau Sele. Monk, der Sohn der beiden, war oft mit anderen jungen Burschen unterwegs. Auch in dieser Nacht blieb sein Lager leer.
Tanea drehte ihren Kopf so, dass sie im schwachen Schein des abgedeckten Feuers die Umrisse von Ezuks Körper erkennen konnte, der sich in einer Ecke der Höhle eingerichtet hatte. Tanea konnte gut verstehen, dass er seine Behinderung vor den anderen, so gut es ging, verbergen wollte. Ihr ging das Gespräch mit Luta beim Weidenrindenschneiden nicht aus dem Sinn. Sie dachte immer wieder an die bevorstehende Wanderung zu den Bergen.
Tanea erschrak, als sie Lutas Hand auf ihrem Arm spürte.
»Kannst du nicht schlafen, Kind?«, flüsterte Luta. »Dann komm mit mir, wir werden den Morgen unten am Fluss erwarten.«»Kannst du nicht schlafen, Kind?«, flüsterte Luta. »Dann komm mit mir, wir werden den Morgen unten am Fluss erwarten.«
Leise huschte sie aus der Höhle und Tanea folgte ihr. Sie war froh aufstehen zu können. Schlafen konnte sie sowieso nicht mehr.

Der erste Schimmer des neuen Tages zeigte sich bereits, als sie sich auf der Uferböschung in das taunasse Gras setzten. Tanea fror. Sie hatte in der Eile des Aufbruchs nicht daran gedacht, ein wärmendes Fell umzulegen. Luta zog sie an sich und hüllte sie mit in ihren großen Umhang ein. Tanea spürte die Wärme ihres kräftigen Körpers und wünschte, diese Geborgenheit möge immer da sein, wenn sie sich einsam und verloren fühlte. Sie schwiegen beide.

Erst als sich das Rot des Morgenhimmels im Fluss spiegelte, sagte Luta: »Solange ich denken kann, war der Fluss da. Er gab uns Nahrung und trug unsere Toten davon. Ich denke manchmal, die Totenboote treiben mit dem Fluss dorthin, wo sich alle wieder sehen, die von uns gegangen sind. Dort gibt es keine Feindschaften mehr. Der Geist des Großen Höhlenbären hat alle versöhnt . . .«

Es müsste schön sein, mit allen dort zu leben, dachte Tanea. Ich wäre keine Fremde mehr, nur weil ich anders aussehe. Sicher gibt es dort viele, die so helles Haar und so helle Haut haben wie ich. Und vielleicht fände ich dort auch meine Mutter.

Luta unterbrach Taneas Gedanken. »Jaka schürt immer noch den alten Hass gegen Ezuk. Er fürchtet, Wigu könnte sich an die Zeit erinnern, als Ezuk mit ihr ein Feuer entzünden wollte. Jaka ist jähzornig. Er schlägt Wigu und Henek. Ich möchte, dass Ezuk wieder auf beiden Beinen steht und sich wehren kann, wenn Jaka ihn angreift.«

Tanea erschrak. »Wird er das tun? Ist die Feindschaft zwischen beiden so groß? Ezuk hat doch längst gesühnt, dass er den jungen Bären getötet hat. Außerdem musste

er doch seinen Bruder retten. Und die Bärin in unserem Tal hat ihn nur verletzt, aber sein Leben geschont. Es ist unrecht von Jaka . . .«
»Darum geht es doch nicht, Kind. Die Feindschaft hat ganz andere Gründe. Wenn du mit mir und Ezuk in die Berge gehst, kann ich meinem Sohn vielleicht helfen. Hast du darüber nachgedacht, ob du so viel Mut hast?«
»Ja«, sagte Tanea. »Wir können die Pferde mitnehmen und auch den Wolf. Er wird uns beschützen und vor Gefahren warnen. Mit den Pferden kommen wir schneller voran. Ezuk kann auf dem Hengst reiten. Der Stute laden wir auf den Rücken, was wir in den Bergen brauchen.«
»Du hast schon alles überlegt, was zu tun ist«, sagte Luta. Ein Lächeln huschte über ihr Gesicht. »Ich werde dir nun auch verraten, was ich geplant habe. In den Bergen gibt es einen kleinen See, der tief unten in einem engen Tal liegt. Das Wasser kommt aus einem Felsspalt am Grund des Sees. Das Wasser dieses Sees ist so heiß, als ob man es mit Kochsteinen erhitzt hätte. Dieses Wasser hat heilende Kräfte. Von oben kann man den See nur an wenigen Tagen sehen, weil der Talkessel fast immer voller Nebel ist . . .«
»Und dort kann Ezuk wieder gesund werden?«, fragte Tanea aufgeregt.
Wieder lächelte Luta. »So schnell geht das nicht. Erst muss Ezuk noch große Schmerzen ertragen. Um seine Schmerzen zu mildern, haben wir den Saft der Weidenrinde eingedickt. Und ich habe noch andere Mittel. Dadurch wird er viel schlafen.«
Tanea forschte in Lutas Gesicht. »Was hast du vor? Warum musst du ihm Schmerzen bereiten? Wodurch?«

»Wir müssen die Knochen seines Beines noch einmal brechen. Sie sind falsch zusammengewachsen.«
Tanea wurde blass. Ihre Lippen zitterten. »Bin ich daran schuld?«
»Du? Warum denn du, Tanea?«
»Weil die Knochen nicht richtig zusammengewachsen sind.«
Luta drückte das Mädchen noch enger an sich. »Ohne dich würde Ezuk nicht mehr leben. Aber ich brauche noch einmal deine Hilfe.«
Tanea löste sich von Luta. »Machen wir uns auf den Weg zu dem See in den Bergen. Ich weiß, was du vorhast. Wenn das Bein heilen soll, wird das Wasser dabei helfen. So wie damals der Lehm die Wunden schloss. Wann brechen wir auf?«
»In ein paar Tagen. Wenn der Mond uns seine Sichel zeigt, um wieder rund zu werden.«

Nur noch Ezuk und Arun wussten von der Reise in die Berge. Luta hatte dazu geraten, sie wollte von niemandem aufgehalten werden. »Sie würden uns abraten. Es sind nicht alle so mutig. Sie fürchten die Geister in den Bergen.«
Tanea verstand das. Nicht nur einmal hatte sie sich über die Ängstlichkeit der Frauen gewundert. Stets gingen sie in Gruppen, um Wurzeln für die Mahlzeiten auszustechen. Dabei schnatterten sie so laut, dass es nicht möglich war, auch nur ein kleines Tier mit der Wurfschleuder zu erlegen. Freilich, bisher war auch nie Mangel an Nahrung gewesen. Die Männer brachten genügend Jagdbeute mit nach Hause und im Fluss gab es Fische in großer Fülle. Es war nicht üblich, dass sich Frauen und Mädchen an der Jagd beteiligten.

Tanea bedauerte das sehr. Aber sie wollte auch keinen Anlass bieten gescholten zu werden. Selbst Ezuk, der ihr so manches nachsah, hatte sie ermahnt sich so zu verhalten wie die anderen Mädchen und Frauen auch. Sehnsuchtsvoll wanderten Taneas Gedanken immer wieder zurück zur großen Höhle im Tal. Vielleicht würde nun alles anders, wenn sie mit Luta und Ezuk in die Berge zog. Ezuk würde lange nicht jagen können. Sein Bein würde lange Ruhe brauchen, um richtig zusammenzuwachsen. Luta würde ihn pflegen. Und sie, Tanea, konnte dafür sorgen, dass sie genug zu essen hatten.
Tanea nahm den kleinen Weidenkorb und tat so, als ginge sie Kräuter suchen und Wurzeln ausstechen. Aber neben dem Grabestock lagen ihre Wurfschleuder und das scharfe Steinmesser. Den Bogen und die Pfeile mitzunehmen wagte sie nicht. Das wäre aufgefallen. Wieder wanderten ihre Gedanken in die Zeit zurück, die sie allein mit Ezuk verlebt hatte. So unglaublich lange schien das schon her zu sein.
Der zahme Wolf rieb sich an Taneas Beinen. Er war meistens zur Stelle, wenn Tanea das Dorf verließ. Unter die Menschen, deren Geruch ihm fremd war und die ihn nicht mochten, traute er sich kaum. Sie warfen oft Steine nach ihm, um ihn zu verjagen. Manchmal lauschte Tanea nachts draußen, bis sie in der Ferne sein Heulen hörte.
Als sie weit genug gegangen war, stellte Tanea ihren Korb ab und nahm die Wurfschleuder heraus. Sie fand schnell einen Baumstumpf, auf den sie zielen konnte. Nach geeigneten Kieselsteinen brauchte sie nicht lange zu suchen.

Der Wolf sah in Taneas Übungen mit der Wurfschleuder eine willkommene Einladung zum Spielen, zumal Tanea jeden Treffer ausgelassen bejubelte. So leicht und frei hatte sie sich schon lange nicht mehr gefühlt. Sie achtete weder auf die Zeit noch auf ihre Umgebung.

Sie wurde beobachtet.

Als ihr jemand die Hand auf die Schulter legte, fuhr sie erschrocken herum. Die Wurfschleuder fiel ihr aus der Hand.

»Wer hat dir das beigebracht?«, fragte Henek erstaunt.

Tanea hatte Mühe ihre Fassung wiederzugewinnen. Sie wollte auch Ezuk nicht in Schwierigkeiten bringen, der sie gelehrt hatte mit dieser Waffe umzugehen. Das hatte sich so ergeben, weil sie schon als kleines Kind mit ihm zur Jagd gegangen war.

»Ich habe geübt«, antwortete sie knapp. Sie bückte sich und hob ihre Schleuder auf. Die Sonne stand schon tief. Es war längst zu spät, um jetzt noch Wurzeln zu suchen. Luta würde sich nicht darüber freuen, dass sie mit leerem Korb zurückkehrte. Sie schob die Wurfschleuder unter den Gürtel ihres Kittels.

»Ich muss zurück«, sagte sie zu Henek. Sie hob ihren Korb auf und wandte sich zum Fluss. Vielleicht gelang es ihr wenigstens, ein paar Fische zu fangen, damit ihr Korb nicht leer blieb. Henek schloss sich ihr an. Sie bemerkte, dass er humpelte.

»Was ist mit deinem Fuß?«

»Es steckt etwas in der Fußsohle«, erklärte er. »Ich krieg es nicht raus.«

Als sie zum Flussufer kamen, sagte Tanea: »Setz dich. Ich schaue mal, was es ist.«

Henek wunderte sich, wie selbstbewusst und ohne Scheu sie mit ihm sprach. Die Mädchen der Flussleute hielten sich fern von den jungen Männern. Erst wenn sich einer bereit fand sie an sein Feuer zu nehmen, waren die Mütter nicht mehr so streng. Tanea hatte aber auch bemerkt, wie manches Mädchen sich davonstahl, um sich heimlich mit einem Jungen zu treffen.

Ein Dorn hatte sich tief in Heneks Fußsohle gebohrt.

»Es wird ein wenig wehtun«, warnte sie. Mit der Spitze ihres scharfen Steinmessers hob sie wenig später den Dorn heraus. »Es ist gut, wenn es blutet«, sagte sie. »Da heilt es später schneller.« Sie drückte die Wundränder zusammen, bis es blutete. Dann sagte sie: »Bleib sitzen. Ich hole Blätter, die du in deinen Füßling legen kannst. Es darf kein Schmutz in die Wunde kommen.«

»Was du alles weißt! Wer hat dir das beigebracht?«

Es war die gleiche Frage wie vorhin, doch diesmal konnte Tanea, ohne zu zögern, antworten. »Luta. Sie weiß sehr viel. Sie kennt die geheimen Heilkräfte der Pflanzen. Und manches habe ich auch von Mognu gelernt.«

»Wer ist das? Den Namen habe ich noch nie gehört.«

Tanea setzte sich neben Henek in den warmen Sand am Flussufer. Sie streifte ihre Füßlinge ab und streckte die Beine aus. Manchmal spülte eine Welle an ihre Zehen. Sie erzählte Henek von der alten Schamanin der Pferdeleute, von dem Wolfswelpen, den sie mit Stutenmilch vor dem sicheren Tod bewahrt hatte, und von ihrer langen Wanderung am Fluss entlang, als sie zu Ezuk zurückgehen durfte.

»Sie haben mir die Pferde geschenkt, den Hengst und die Stute. Das Fohlen wurde in unserem Tal geboren«, schloss sie ihre Erzählung.

Henek hatte zugehört, ohne sie zu unterbrechen.
»Du bist ein seltsames Mädchen, Tanea. Das wusste ich gleich, als du mit Ezuk zu uns kamst. Ich höre dir gern zu. Wenn du möchtest, nehme ich dich später einmal an mein Feuer.«
Tanea sprang erschrocken auf. »Was würde Jaka dazu sagen? Er ist Ezuks Feind! Jaka . . .«
Henek war auch aufgesprungen. Er hielt ihr die Hand auf den Mund. »In diesem Sommer werde ich unter die Männer aufgenommen. Dann treffe ich meine eigenen Entscheidungen. Ich werde dich dann noch einmal fragen.«
Henek bückte sich und hob seinen Speer auf. Er sagte nichts mehr, als er davonging. Aber er sah Tanea mit einem Blick an, den sie nicht zu deuten wusste. Verwirrt schaute sie ihm nach. Ich werde dir keine Antwort geben können, dachte sie betrübt. Im Sommer, wenn du unter die Männer aufgenommen wirst, Henek, werde ich nicht da sein. Und niemand wird dir sagen können, wo du mich finden kannst. Eine andere Frau wird dein Feuer hüten, wenn ich zurückkomme. Sie wird dunkles Haar haben und keine Fremde sein.
Das Versprechen, das sie Luta gegeben hatte, band ihre Zunge. Ich darf dir nicht sagen, wo ich bin, dachte sie traurig. Ich darf dir nicht einmal sagen, dass ich weggehen werde. Für Ezuk muss ich schweigen. Er muss gesund werden, damit Jaka ihn nicht töten kann in seinem Hass.

Die Vorbereitungen für die Reise in die Berge traf Luta sehr umsichtig. Nicht einmal Aruns Gefährtin Sele ahnte etwas. Arun brach schon einen Tag eher mit Ezuk und den Pferden auf. Jeder musste annehmen, sie gingen zur Jagd. Tanea bemerkte, dass Henek ihre Nähe suchte. Sie sah auch die forschenden Blicke, die Wigu ihrem Sohn hinterherschickte. Aber es war unmöglich, Henek auch nur eine Andeutung darüber zu machen, dass sie fortgehen würde. Und so lächelte sie nur, wenn sie sich trafen, und erkundigte sich nach seinem Fuß.

Tanea wusste, Jaka würde versuchen zu verhindern, dass Luta mit Ezuk und ihr in die Berge ging. Er war in seinem Hass auf Ezuk im Stande ihnen zu folgen und sie zu töten. Keiner würde es ihm beweisen können. Das Ansehen, das Ezuk seit seiner Rückkehr zum Clan am Großen Fluss genoss, war ihm ein Dorn im Auge. Und so glich die Reise zu den fernen Bergen eher einer Flucht.

Tanea war froh, als das Warten ein Ende hatte. Sie war bereit. Ezuk und Arun hatten alles, was sie der Stute aufladen wollten, schon Tage vorher nach und nach in ein Versteck gebracht: warme Felldecken, Proviant für unterwegs, Kochgerät. Tanea prüfte immer wieder, ob sie auch an alles gedacht hatte, was sie nicht missen wollte. Ihre Wurfschleuder und das scharfe Steinmesser trug sie unter dem leichten Sommerkittel verborgen. Sie hatte auch durchgesetzt ihren Bogen und die Pfeile mit dem Gepäck vorausschicken zu dürfen, obwohl Luta sie dafür sehr missbilligend angeschaut hatte. Luta würde noch froh darüber sein, wenn sie auf die Jagd ging.

Zum wiederholten Mal griff Tanea auch nach der dünnen Lederschnur an ihrem Hals. Daran war ihr Amulett befestigt, ein Bernstein, der ein kleines Insekt umschlossen hielt.

Ezuk hatte ihr den Stein gegeben und dabei erzählt, ihre Mutter habe ihn vor ihr getragen. Der Stein hatte sie geschützt, als sie aus ihrem Clan verstoßen wurde. Seitdem hatte sich Tanea nicht mehr von ihrem Amulett getrennt.

Es fiel nicht auf, als Luta und Tanea mit ihren Sammelkörben das Dorf verließen. Vor dem Abend würde sie niemand vermissen. Sie gingen in entgegengesetzter Richtung davon.

»Wir dürfen ihnen keinen Anhaltspunkt geben. Nach einiger Zeit schlagen wir einen großen Bogen und treffen dann auf Arun und Ezuk.«

Tanea atmete immer freier, je weiter sie sich vom Dorf entfernten. In den letzten Tagen hatte sie große Angst gehabt, irgendjemand könne ihre Pläne erraten. Vorher war sie oft traurig darüber gewesen, wie selten die Clanleute ihre Teilnahme an gemeinsamen Arbeiten wünschten. Aber nun war sie froh darüber. Niemand würde sie vermissen. Von Luta war man es gewohnt, dass sie oft tagelang wegblieb.

Ohne zu reden, schritten Tanea und Luta kräftig aus. Nach einiger Zeit verließen sie den Fluss und wandten sich nordwärts. Aus alter Gewohnheit bückte sich Luta, um kräftige Wurzeln auszustechen oder Kräuter in ihren Korb zu sammeln. Tanea tat weder das eine noch das andere. Sie war viel zu aufgeregt. Würden sie Arun und Ezuk auch nicht verfehlen? Hatte Luta bestimmt den richtigen Weg eingeschlagen? Sie wagte nicht bei Luta ihre Zweifel anzumelden. Um sich abzulenken, holte sie ihre Wurfschleuder unter dem Kittel hervor. Einige Kieselsteine, die gut in der Schlinge lagen, hatte sie vorsorglich auf den Boden ihres Sam-

melkorbes gelegt und mit Rindenbast bedeckt. Jetzt hielt sie Ausschau nach Jagdbeute. Es konnte nur von Nutzen sein, wenn etwas Kräftigeres als Lutas Wurzeln in der Suppe schwamm. Aber worin sollten sie die Suppe zubereiten? Und woher Wasser nehmen? Tanea erinnerte sich an die lange, qualvolle Wanderung mit den Pferdeleuten. Nicht ein Tropfen Wasser war in den ausgedörrten Bachläufen gewesen. Die Kehlen der Menschen und Tiere hatten nach Flüssigkeit gelechzt. Die spärliche Milch der Stuten reichte kaum aus, um die Fohlen am Leben zu erhalten. Die Erinnerung an die schreckliche Trockenheit ließ Tanea schaudern.
»Wie lange müssen wir wandern, ehe wir an den See kommen, Luta?«
»Wenn wir gut vorankommen, wird es so viele Tage dauern, wie du Finger an beiden Händen hast. Ich sagte es dir schon«, antwortete sie geduldig.
»Werden wir unterwegs genügend Wasser haben? Die Pferde müssen getränkt werden.«
»Wir werden Wasser haben, Tanea. Ich bin den Weg schon oft gegangen. Was möchtest du noch fragen?«
Tanea wollte wissen, worin Luta die Wurzeln kochen würde. »In unserer Höhle und auch bei euch hatten wir eine Kochgrube. Das dicke Leder ließ kein Wasser durchsickern. Auch Steine hatten wir immer um die Feuerstelle liegen, die das Wasser zum Kochen brachten, wenn wir sie hineinwarfen. Aber was tun wir unterwegs?«
Luta lächelte über Taneas Fragen. »Worin haben die Pferdeleute ihre Suppe gekocht?«, fragte sie statt einer Antwort. »Du hast mir erzählt, dass sie ihr Feuer in feuchten Lehmkugeln von einem Lagerplatz zum anderen

getragen haben, bevor du ihnen zeigtest, womit sie Feuer machen können.«
Tanea dachte nach. Ihre Gedanken wanderten wieder zurück in die Zeit, in der sie bei den Pferdeleuten gelebt hatte. Es schien so lange her zu sein, doch es war ja erst ein Jahr vergangen.
»Sie machten es ähnlich wie wir«, sagte sie schließlich. »Aber meistens brieten sie ihr Fleisch an Spießen über dem Feuer und tranken die Milch der Stuten. Mognu, die Schamanin, benutzte manchmal auch die Hirnschale eines großen Tieres, um einen Sud aus heilenden Kräutern zu bereiten. Es müssen sehr große Tiere gewesen sein.«
Luta nickte. »Mammute«, vermutete sie. Sie konnte nicht oft genug davon hören, wie es bei den Pferdeleuten zuging. Besonders Mognu hatte es ihr angetan. »Träumst du denn noch oft von der Schamanin?«, fragte sie.
Tanea wurde verlegen. Sie wollte Luta nicht wehtun, indem sie zugab, wie oft Mognu in ihren Gedanken auftauchte, tagsüber und auch nachts. Manchmal schienen Luta und Mognu sogar miteinander zu verschmelzen und eine einzige Frau zu werden.
»Ich denke oft an sie«, wich Tanea der Frage aus. Sie wurde einer weiteren Antwort enthoben. Luta streckte den Arm aus und wies nach vorn. »Da sind sie, Ezuk, Arun und die Pferde!«
Tanea freute sich. Jetzt würden sie ihre Wanderung in die fernen Berge gemeinsam fortsetzen. Niemand würde sie jetzt mehr aufhalten. Sie rannte los und stürzte Ezuk in die Arme.

So unbemerkt, wie Luta glaubte, waren sie nicht aus dem Dorf weggekommen. Wigu beobachtete, wie Henek den beiden nachschaute. Ihr Herz zog sich schmerzhaft zusammen. Henek hatte sich verändert, seit das fremde Mädchen mit Ezuk gekommen war. Vorsichtig, damit Jaka nicht misstrauisch wurde, hatte sie sich nach Tanea erkundigt. Sie war erleichtert, als sie erfuhr, wie Tanea zu Ezuk gekommen war.
Wigu ging Ezuk aus dem Weg. Sie fürchtete seine Frage, warum sie ausgerechnet Jaka an sein Feuer gefolgt war. Und nun kam noch diese Sorge hinzu: Henek hatte nur noch Augen für das fremde Mädchen. Wenn Jaka das bemerkte, würde er noch jähzorniger werden, als er es ohnehin schon war. Sie musste die Schläge aushalten. Und sie wusste, dass Henek dann in ohnmächtigem Zorn die Fäuste ballen würde.
Jaka schlug sie immer wieder. Er trat mit Füßen nach ihrem Leib, der nie wieder ein Kind geboren hatte.
Wigu beugte sich über ihre Feuerstelle vor der Höhle. Sie hatte Mühe ein Feuer in Gang zu bringen. Der morgendliche Tau hatte das Holz feucht werden lassen.
»Bring mir Zunder und trockenes Holz«, wies sie Henek an. Sie wollte vermeiden, dass er Luta und dem Mädchen so lange nachschaute, bis Jaka aufmerksam wurde. Noch lag Jaka auf seinen Fellen in der Höhle. Und dort sollte er auch bleiben, bis die beiden sich möglichst weit entfernt hatten. Ihr war nicht entgangen, dass Ezuk und Arun in den letzten Tagen mit Bündeln weggegangen waren, die sie bei der Heimkehr am Abend nicht mehr bei sich hatten. Sie hoffte sehr, dass sie die einzige aufmerksame Beobachterin gewesen war. Luta und das Mädchen verließen das Dorf in der

Richtung, die auch Ezuk und Arun eingeschlagen hatten. Sie vermutete, Ezuk wolle in das Tal zurückkehren, in dem er so lange gelebt hatte. Aber warum begleitete ihn Luta?

Als sich Henek mit dem trockenen Holz und dem Zunder neben sie an die Feuerstelle kniete, flüsterte er ihr zu: »Wollen sie heimlich von hier weggehen? Soll ich ihnen folgen?«

Wigu schüttelte den Kopf. Das konnte auf beide Fragen ein Nein bedeuten. »Sie werden ihre Gründe haben«, meinte sie dann und wies mit dem Kopf ins Innere der Höhle, wo sich Jaka gerade von seinen Schlaffellen erhob. Dann blies sie in die winzige Glut, die sie mit ihrem Holzbohrer entfacht hatte, und brachte das Feuer in Gang. Auch vor den Eingängen anderer Höhlen regten sich Hände, um das Feuer für eine Morgenmahlzeit anzufachen. Wigu hatte nun keine Zeit mehr, über Luta und Tanea nachzudenken oder darauf zu achten, was Henek tat.

Erst am Abend dachte sie wieder an Luta. Weder sie noch das Mädchen waren unter denen, die sich zu einem Schwatz trafen. Wigu entfernte sich bald von den anderen und nahm sich eine Arbeit vor, die sie im letzten Schein der Abendsonne noch gut erkennen konnte. Sie flocht getrocknete lange Gräser zu einer Matte zusammen, die sie später mit ähnlichen Stücken zu einem Umhang verarbeiten wollte. Waren die Gräser dicht an dicht geflochten, ließen sie kaum Regen durch. Zusammengerollt war so ein Umhang auch für unterwegs sehr praktisch. Er schützte vor der Feuchtigkeit des Bodens.

Diese Arbeit ließ Wigu endlich Zeit ihren Gedanken

nachzuhängen. Sie ist fortgegangen, dachte sie. Ob Luta wiederkommen wird? Sie schaute hinüber zur Höhle, an deren Feuer jetzt neben Sele auch Arun saß. Er ist also wiedergekommen, dachte sie weiter. Das fremde Mädchen, nach dem sich Henek die Augen ausschaut, ist bei Luta geblieben. Und bei Ezuk . . .
Plötzlich war die Erinnerung an damals wieder so lebendig. Wigu hatte es nie vergessen und sie würde es bis an ihr Lebensende auch nie vergessen können. Jaka hatte dafür gesorgt, dass Ezuk ausgestoßen wurde. Er hatte alle aufgewiegelt. Ezuk hatte einen jungen Bären getötet, um seinem Bruder Arun das Leben zu retten. Ohne warme Kleidung und ohne Waffen hatten sie ihn fortgeschickt. Wigus Blick war dem seinen begegnet, als er davongegangen war. Sie hatte zusammengerafft, was sie gerade fand, und war Ezuk gefolgt. Und dann war das geschehen, was sie nie würde verwinden können. Es war, als ob sie alles noch einmal erlebte: »Wohin willst du, Wigu? Missachtest du die Gesetze, die unsere Ältesten bewahren? Willst du einem folgen, der ausgestoßen wurde? Dann wirst du ebenso sterben wie er!«
Jaka hob sein Steinmesser und schwang seinen Arm, als wolle er ihr das Messer in die Brust stoßen. Wigu ließ ihr Bündel fallen und fiel vor Angst auf die Knie. Sie brachte kein Wort heraus und wehrte sich auch nicht, als Jaka sich auf sie kniete, um sie gewaltsam zur Hüterin seines Feuers zu machen. Sie spürte nur die bohrenden Schmerzen in ihrem Leib und die Ohnmacht sich gegen Jaka nicht wehren zu können. Ich will sterben, dachte sie nur. So wie auch Ezuk gestorben ist . . .

Wigu tauchte aus ihren schrecklichen Erinnerungen wieder auf. Ihre Hände waren untätig gewesen, während die Bilder von damals in ihrer Seele aufgestiegen waren. Nun flochten ihre Finger wieder das Gras zu einer dichten Matte.
Jaka hatte es damals sehr eilig damit gehabt, die anderen wissen zu lassen, dass Wigu mit ihm ein Feuer entzünden werde. Ihre Mutter hatte sie seltsam angesehen und bald wusste sie es auch selbst, dass in ihr neues Leben heranwuchs. So hatte sie es mit einer Gleichgültigkeit, die nur Menschen haben, die mit ihrem Leben schon abgeschlossen haben, geschehen lassen, dass die Vorbereitungen getroffen wurden sie zu Jakas Gefährtin zu machen.
Nur einmal war sie verzweifelt zu Luta gegangen. »Ich will für Jaka keinen Sohn gebären. Hilf mir, Luta. Ich weiß, dass du es kannst. Gib mir etwas, damit das Kind in mir stirbt und ich nie wieder eins empfangen muss.«
Luta hatte nur den Kopf geschüttelt. »Ich darf neues Leben nicht einfach so vernichten, Wigu.«
Alles Flehen hatte nichts genützt. Aber Luta hatte viele Fragen gestellt, nach Wigus letzter Mondblutung und auch danach, ob Wigu dem Werben Ezuks nachgegeben hatte. Beschämt hatte Wigu diese Frage bejahen müssen.
Sie konnte sich heute noch nicht erklären, warum Luta sie nicht gescholten hatte. »Bring dieses Kind zur Welt, Wigu. Und ich verspreche dir, dass du nie mehr eins empfangen wirst, wenn du es selbst nicht willst.«
Luta hat ihr Versprechen gehalten, dachte Wigu. Längst konnte sie selbst die Kräuter und Samen mischen, die sie

davor schützten, schwanger zu werden. Das hatte ihr Jakas Zorn und seine Verachtung eingebracht. Aber ihr wurde angst bei dem Gedanken, der sie oft befiel, wenn sie Henek ansah. Er ähnelte Jaka nicht im Mindesten. Weder in seinem Äußeren noch in seinen Gedanken. Und er hasste Jaka.
Warum habe ich Luta nicht gefragt?, dachte Wigu. Und dann gab sie sich selbst die Antwort: Ich hatte Angst die Wahrheit sicher zu wissen.

Der Aufstieg in die Berge war für die Pferde schwierig. Sie waren es nicht gewohnt, über Felsbrocken zu klettern und dabei noch so schwere Lasten zu tragen. Luta und Tanea luden sich, so viel sie zu tragen vermochten, selbst auf den Rücken. Dadurch konnten abwechselnd die Stute und der Hengst entlastet werden. Dem Fohlen schien die Kletterei nichts auszumachen.
Arun war schon am ersten Tag wieder umgekehrt, sobald sie sicher waren, dass ihnen niemand gefolgt war. Der Wolf begleitete die kleine Gruppe. Tanea freute sich über die Treue des Tieres. Abends, wenn sie am Feuer saßen, umrundete er die Menschen, als ob er sie schützen wollte. Luta hatte sich längst an ihn gewöhnt. Auch sein nächtliches Heulen schreckte sie nicht mehr aus dem Schlaf.
Abends, als sie am Lagerfeuer saßen, lauschte Tanea immer wieder in die Dunkelheit. Neben dem Geheul ihres Wolfes ertönte noch ein anderes.
»Es wird eine Wölfin sein«, meinte Ezuk. Er stocherte mit einem Zweig in der Glut herum. Er hatte Taneas Unruhe bemerkt. Aufgeregt fragte sie: »Meine Wölfin, Ezuk? Die aus unserem Tal?«

»Die wohl nicht, Tanea. Es gibt überall Wölfe und Wölfinnen.«
»Wieso die Wölfin aus eurem Tal?«, fragte Luta. »Hattet ihr dort noch einen zahmen Wolf?«
»Ezuk sagt, meine Mutter stammt aus dem Wolfsclan. Von dort ist sie mit mir geflohen, weil sie mich in der Wildnis aussetzen sollte. Ich war zu schwach und sollte sterben.«
Luta nickte. So weit kannte sie die Geschichte schon.
»Ich folgte damals einer Wolfsspur«, erklärte Ezuk. »Dabei fand ich Taneas Mutter mit dem Säugling. Halb verhungert und fast erfroren waren sie. Ich nahm sie mit in meine Höhle. Tanea erholte sich gut und wurde ein kräftiges Kind. Niemand würde jetzt noch vermuten, dass sie einmal ein schwacher Säugling war.« Wohlwollend und stolz schaute er auf Tanea. Sie war groß, schlank und hatte kräftige Arme und Beine.
»Ich kann mich an meine Mutter nicht erinnern«, sagte Tanea leise. »Aber ich weiß, dass ihr Geist im Körper der Wölfin wohnt. Deshalb habe ich ihr von unserer Jagdbeute auch immer etwas zurückgelassen.«
Luta zog das Mädchen enger an sich heran. »Du brauchst nicht traurig zu sein, Tanea. Der Geist deiner Mutter wird sich noch oft des Körpers einer Wölfin bedienen, um dir nahe zu sein. Das Totemtier deines Clans ist der Wolf. Die Große Wölfin wird dich schützen, so wie du den kleinen Wolf geschützt hast.«
Während Luta das sagte, wusste sie plötzlich, dass Tanea nicht für immer bei ihnen bleiben würde. Tanea würde in unserem Clan eine Fremde bleiben, dachte Luta. Ich sollte mein Herz nicht an sie hängen wie an ein eigenes Kind. Eines Tages wird sie fortgehen, um die zu

suchen, die sie einst verstoßen haben. Es wird mir wehtun, wenn sie uns verlässt. Aber sie soll nicht mit leeren Händen zu ihrem Clan gehen. Ich werde sie alles lehren, was ich weiß. Eine Frau, die heilen kann, wird überall willkommen sein.

Das Feuer war unterdessen niedergebrannt. Tanea war in Lutas Armen eingeschlafen. Als sie sich jetzt regte, bettete Luta sie sanft auf die Felldecke und deckte sie zu. In den Bergen war es nachts sehr kalt.

Ezuk starrte schweigend in die Glut. Seine Gedanken waren viele Jahre zurückgewandert. Jetzt schaute er über das niedrige Feuer hin zu seiner Mutter. In der Einsamkeit der Berge wagte er die Frage auszusprechen, die er bisher zurückgehalten hatte. »Wirst du mir heute sagen, wieso Wigu Jakas Feuer hütet? Sie wollte mir folgen, bevor ich den Bären tötete. Wie konnte sie ausgerechnet zu Jaka gehen, der schon immer mein Feind war?« Bitterkeit über sein Schicksal überwältigte ihn, sonst hätte er seinen Vorwurf gegen Wigu kaum so hart ausgesprochen.

»Bevor ich dir antworte, Ezuk, muss ich eins wissen. Und du musst mir die Wahrheit sagen. Hast du dich an die Regeln gehalten, die für alle jungen Männer gelten, bevor sie mit einem Mädchen ein eigenes Feuer anzünden?«

Ezuk senkte den Kopf wie ein kleiner Junge, der bei etwas Verbotenem ertappt wurde. »Es sollte doch in kurzer Zeit geschehen. Niemand hat uns beobachtet. Wigu war schön und mein Blut war heiß . . .«

Luta nickte. »Ich habe es gewusst. Als Jaka sie an sein Feuer nahm, wölbte sich ihr Leib bereits. Jaka prahlte, er habe sich sein Recht vor der Zeit genommen, weil Wigu einem Ausgestoßenen zugesagt gewesen sei. Nach deinem Weggehen hatte er an Macht gewonnen. Selbst die Ältesten ordneten sich ihm unter. Er war hart und gewalttätig. Sie fürchteten ihn.«

»Und das Kind?«, fragte er. »Was wurde aus dem Kind?«

»Henek wurde an Jakas Feuer geboren. Und das solltest auch du begreifen, Ezuk«, sagte Luta eindringlich. »Jaka wird nicht ruhen, ehe er dich getötet hat. Auf diesen Kampf will ich dich vorbereiten. Darum sind wir in die Berge gegangen. Du wirst große Schmerzen erdulden müssen, bevor du wieder beide Beine gebrauchen kannst. Es wird gelingen, da bin ich sicher. Hättest du mir heute nicht die Wahrheit gesagt, wären wir bei Tagesanbruch umgekehrt.«

Luta wickelte sich in ihre Felldecke und legte sich zum Schlafen nieder. Ezuk blieb die ganze Nacht am Feuer sitzen, das er mit kleinen, trockenen Zweigen in Gang hielt. Er nährte eine Hoffnung, die ihm vor Freude fast die Brust sprengte: Henek ist mein Sohn. Für ihn will ich alles ertragen. Jaka wird mich nicht besiegen können. Ich werde um mein Recht kämpfen. Ezuk verschloss diese Gefühle tief in seinem Inneren. Aber er schöpfte neue Kraft aus diesem Wissen.

Sie waren lange mühsam bergauf geklettert. Oft wollten die Pferde nicht weiter. Sie mussten sie gewaltsam über das Geröll zerren. Ein eisiger Wind blies ihnen ins Gesicht.

Tanea hatte sich nicht vorstellen können, dass man hier leben konnte, wo nur noch sehr niedriges hartes Gesträuch in den Felsritzen wuchs. Manchmal mussten sie sogar Schneefelder überqueren. Luta ordnete dann an, dass sie die Kapuzen ihrer Fellumhänge über die Augen zogen, damit das grelle Weiß ihre Augen nicht zu sehr blendete. »Und schließt die Augen so weit wie möglich, damit nur ein kleiner Spalt zum Sehen offen bleibt.«

Auch den Pferden wurden die Augen abgedeckt. Tanea ängstigte sich vor diesen Strecken, die sie fast blind überqueren musste. Aber sie wusste auch, wie schmerzhaft es sein konnte, in dieses grelle Weiß zu blicken. Sie war froh, als Luta sagte: »Wir sind da. Jetzt beginnt der Abstieg zum See.«

Staunend blieb Tanea stehen.

Sie waren am Rand eines kleines Talkessels angelangt, aus dem dichte Nebelschwaden aufstiegen. Luta ging mit sicheren Schritten voran und führte die Stute.

»Wo ist der See?«, fragte Tanea. Sie versuchte durch den Nebel etwas zu erkennen. Ihr fiel auf, wie viel wärmer es geworden war, seit sie in den Talkessel hinunterstiegen.

»Der See ist unter uns«, erklärte Luta. »Der Nebel steigt aus dem See auf. Du wirst den See gleich sehen, wenn wir weiter unten sind.«

Tanea war sehr beklommen zu Mute. Ihr fiel ein, wie ängstlich die anderen Clanleute die Berge mieden, weil sie die Geister fürchteten. Auch beim Pferdeclan glaubte man, die Geister hätten in den fernen Bergen ihr Zuhause. Als sie hinter Luta immer tiefer in den Talkessel hinabstieg, war Tanea davon überzeugt, dass sie Recht hatten.

Reichten nicht schon die Gefahren, die unterwegs drohten, aus, um die Menschen vor den Bergen zu warnen? Hätte Luta nicht so eindringlich davor gewarnt, die Augen ungeschützt zu lassen, wären sie

vielleicht blind geworden und dann in irgendeine dieser Felsspalten gestürzt. Tanea machte sich nichts vor. Wäre es nicht der Grund ihrer langen Wanderung gewesen, Ezuk zu helfen, dass er wieder beide Beine gebrauchen konnte, wäre Tanea, ohne zu zögern, umgekehrt. Aber sie fragte sich, wie schon so oft in den Tagen ihrer beschwerlichen Wanderung, ob Ezuk nicht auch woanders hätte gesund werden können. Sie wagte jedoch nicht, Luta zu fragen.
Plötzlich schimmerte zwischen dem dichten Nebel hindurch Wasser. Der Geruch, den sie schon oben am Rand des Talkessels wahrgenommen hatte, wurde stärker.
»Was riecht hier denn so?«, fragte sie leise, weil sie sich nicht traute laut zu sprechen.
Luta blieb stehen und wies nach unten, wo der kleine See rund wie ein Auge zwischen den Felswänden lag. »Das ist das Wasser. Es ist ganz besonderes Wasser, es riecht. Wenn Ezuks Bein irgendwo wieder heilen kann, dann hier.«
Luta schaute Ezuk an. Er war seit ihrem nächtlichen Gespräch sehr schweigsam und in sich gekehrt gewesen. Jetzt atmete er tief den Geruch des warmen Sees ein. »Ja. Hier werde ich endlich wieder gesund.«
In seinen Augen glänzte so viel Hoffnung, dass Tanea es nicht ertrug. Sie wandte sich ab und stieg vor den anderen weiter hinunter. Er ist doch nicht glücklich, dachte sie traurig.
Tanea belastete der Gedanke, sie sei schuld an Ezuks lahmem Bein. Weil sie nicht genau gewusst hatte, was sie tun musste, war es falsch zusammengewachsen. Luta wollte die Knochen noch einmal auseinander brechen und dann endlich richtig zusammenfügen. Tanea

wünschte sich nichts sehnlicher, als dass Ezuk wieder ohne Krücken laufen konnte. Tränen verschleierten ihren Blick, als sie endlich am Ufer des Sees angekommen war. Sie warf ihr Gepäck ab und lief zum Wasser, das grünlich schimmerte. Vorsichtig kniete sie sich hin und tauchte ihre Hand ein. Das Wasser war angenehm warm. Als sie jedoch davon trinken wollte, spie sie es schnell wieder aus. Es schmeckte unangenehm. Sie konnte auch keine Fische entdecken.

Luta und Ezuk waren mit den Pferden schon an ihr vorbeigegangen und strebten einer Felswand zu, an der Tanea jetzt den Eingang zu einer Höhle entdeckte. Die Höhle lag höher als der Wasserspiegel des kleinen Sees.

Hier werden wir also jetzt leben, bis Ezuks Bein geheilt ist, dachte Tanea. Es wollte sich keine Freude bei ihr einstellen. Viel eher hatte sie das beklemmende Gefühl, in diesem Talkessel eingeschlossen zu sein. Sie schaute an den Felswänden nach oben, aber der Himmel war durch den dichten Nebel nicht zu sehen. Die Geister haben uns hier gefangen, dachte sie. Wie hatte sich Luta nur diesen Platz aussuchen können. Wären wir doch zu unserer Höhle gegangen, wo ich so lange mit Ezuk gelebt habe. Dort war der Himmel blau, es wuchs saftiges Gras für die Pferde und zum Fluss war es auch nicht weit. Verdrossen über Lutas Entscheidung, folgte Tanea den anderen in die neue Behausung.

Die Höhle war nicht allzu groß, bot aber genügend Raum für ein paar Menschen. Tanea warf ihr Bündel hin und sah sich um. Luta schaute Tanea forschend an. »Gefällt es dir hier nicht?«

»Nein«, antwortete Tanea ehrlich. »Der Himmel ist nicht zu sehen. Es ist, als ob der Nebel wie eine Decke über uns liegt. Und wo sollen die Pferde Futter finden? Trinken kann man das Wasser des Sees auch nicht.«
Luta lächelte. »Das hast du alles schnell herausgefunden. Aber beruhige dich. Die Pferde werden ausreichend zu fressen und zu saufen bekommen. Und du kannst, sooft du willst, hinaufklettern und dir den Himmel anschauen. Jetzt aber löse die Riemen von unseren Bündeln. Dann kannst du die Schlaffelle aufschütteln und auslegen. Ezuks Lager bereite so, dass er hinausschauen kann.«
Luta kümmerte sich nicht um Taneas Arbeit. Sie machte Feuer, in das sie Steine zum Erhitzen legte. In die Kochgrube passte sie das steinhart gewordene Leder ein, das sie auch unterwegs benutzt hatten. Sie tat alles sehr umsichtig, und an der Art, wie sie es machte, erkannte Tanea, dass es nicht das erste Mal war. Auch die Kochsteine hatten sorgfältig aufgeschichtet neben der Feuerstelle gelegen. Ebenso ein knöcherner Behälter mit Zunder und ein paar Feuersteine. Tanea wusste, dass Luta schon oft hier gewesen war, trotzdem bewunderte sie die Sorgfalt, mit der sie ihren nächsten Besuch in der Höhle am See vorbereitet hatte.
Zuerst bereitete Tanea ein Lager für Ezuk. Der saß draußen auf einem großen runden Stein und schaute auf die grünliche Wasserfläche. Er schien mit seinen Gedanken weit weg zu sein. Tanea kniete sich neben ihn und schmiegte ihr Gesicht an seinen Fellumhang. Er strich ihr unbeholfen über das zerzauste Haar. Tanea war glücklich über diese Geste. Seit sie beim Bärenclan am Großen Fluss waren, hatte er das nie wieder getan. Seine vertraute Nähe tat ihr gut. Dafür

wollte sie gern auf den blauen Himmel verzichten, den der Nebel verschluckte. Vielleicht wurde Ezuk ja hier wirklich wieder gesund und würde laufen können wie früher. Obwohl sie wusste, dass sie ihre Arbeit noch nicht verrichtet hatte, blieb Tanea bei Ezuk. Mochte Luta sie ruhig schelten. Diese Augenblicke mit Ezuk wollte sie auskosten.
Aber Luta schalt sie nicht. Sie sah freundlich auf Tanea und ihren Sohn und setzte sich zu ihnen, ohne etwas zu sagen. Tanea hörte das suchende Schnüffeln des Wolfes. Sie stand auf, lockte ihn mit dem Pfiff, der nur ihm allein galt, näher heran und kraulte ihm das Fell. Dabei lobte sie ihn, dass er den Abstieg in den Talkessel gewagt hatte.
»Ich muss Taro von deinem Wolf erzählen«, sagte Luta nachdenklich. »Vielleicht wird er ihn sonst töten.«
»Wer ist Taro?«, fragte Tanea verständnislos.
»Taro ist mein Bruder«, erklärte Luta ruhig. »Er lebt seit vielen Sommern und Wintern in den Bergen. Morgen wird er sich um die Pferde kümmern. Aber Wasser kannst du ihnen jetzt schon geben.«
Sie wies auf eine Stelle, nicht weit von der Höhle entfernt. Jetzt sah auch Tanea, dass dort ein Rinnsal über die Felsen lief und dann in den See floss.
»Es ist gutes, kaltes Wasser«, sagte Luta. »Du solltest die Pferde hinführen.«
Tanea zögerte. »Warum hast du nie etwas von Taro erzählt, Luta? Und warum lebt er nicht bei euren Leuten am Großen Fluss?«
Luta schüttelte den Kopf über so viel Neugier. »Die eine Frage werde ich dir heute beantworten. Es war nicht nötig, dir vorher alles zu erzählen. Du wirst hier noch

vieles erfahren, worüber du schweigen musst. Die andere Frage wird dir Taro selbst beantworten. Vielleicht. Das muss er entscheiden. Und nun tu, was ich dir aufgetragen habe. Es wird bald dunkel sein. Die Pferde haben Durst und unser Nachtlager ist auch noch nicht vorbereitet.«
Luta erhob sich und ging in die Höhle, um eine Mahlzeit zu bereiten. Tanea trennte sich nur ungern von Ezuk. Vielleicht hätte er ihr gesagt, warum Lutas Bruder in dieser unwirtlichen Gegend lebte. Sie wollte Luta jedoch nicht verärgern, deshalb zog sie die Pferde auf dem schmalen Weg hinter sich her, um ihnen Wasser zu geben. Es gab sogar eine flache Mulde, die das herabfließende Wasser aus dem Stein gewaschen hatte. Die Pferde soffen gierig vom eiskalten Wasser. Auch der Wolf stillte seinen Durst.
Als sie zur Höhle zurückkam, sah sie, wie Luta in das Horn eines Tieres blies. Dumpfe Laute ertönten, die von den Felswänden als Echo zurückhallten. Kurze Zeit später kam ein ähnliches Signal zurück. Es war kein Echo. Luta nickte zufrieden.
»Was machst du?«, fragte Tanea erstaunt.
»Ich habe Taro gerufen. Er weiß jetzt, dass ich hier bin.«
Am nächsten Tag sah Tanea einen Mann, der sicheren Schrittes den schmalen Weg herunterkam. Das kann nur Lutas Bruder sein, dachte sie. Der bärtige Mann schaute Tanea erstaunt an, ging dann aber, ohne ein Wort an sie zu richten, weiter zur Höhle. Er kannte sich hier aus.
Tanea folgte ihm zögernd, traute sich aber nicht hinter ihm die Höhle zu betreten. Deshalb setzte sie sich auf den großen Stein, auf dem Ezuk sich am Tag vorher ausgeruht hatte, und versuchte etwas von dem zu

erlauschen, was Luta, Ezuk und der Mann besprachen. Sie konnte aber nur wenig verstehen. Als sie endlich herauskamen, lächelte Luta. Warum lacht sie mich aus, dachte Tanea verärgert. Denkt sie etwa, ich sei neugierig?
Luta sagte: »Das ist Taro, mein Bruder. Er wird die Pferde mitnehmen, damit sie Futter bekommen. Du kannst mit ihm gehen. Die Tiere kennen dich und werden dir folgen.«
Unsicher sah Tanea zu Ezuk. Er nickte zustimmend. Aber Tanea war beunruhigt. Der fremde Mann hatte noch kein einziges Wort an sie gerichtet. Warum werde ich fortgeschickt?, dachte sie. »Wohin soll ich mit Taro gehen?«, fragte sie. »Werde ich bald zurückkommen können?«
Mit einem Mal schien ihr der dunkle, nebelige Talkessel wie ein Zufluchtsort, den sie nur ungern verließ.
»Taro lebt nicht weit von hier. Und du kannst in ein paar Tagen zurückkommen, wenn du sicher bist, dass die Pferde nicht davonlaufen. Falls ich dich eher brauche, rufe ich dich.«
Luta deutete auf das Horn, mit dem sie auch Taro ihre Ankunft gemeldet hatte. Jetzt endlich sprach auch Taro. Er hatte eine raue Stimme und man merkte, dass er nicht oft mit anderen Menschen zusammen war, mit denen er reden konnte. »Zeige mir deine Pferde, Tanea. Ich weiß nicht, wie man mit ihnen umgeht.«
Tanea ging ihm voraus zu der Wasserstelle, an der sie die Tiere zurückgelassen hatte. Sie war auch neugierig auf den Mann, der zugab nichts über den Umgang mit Pferden zu wissen. Woher auch! Hier in den Bergen gab es keine Steppen, auf denen Pferde grasen konnten. Mit

knappen Worten erklärte sie ihm, wie die Tiere geführt werden mussten. »Man kann auch auf ihnen reiten und ihnen Bündel auf den Rücken legen.«
Als Taro die Nüstern des Hengstes berührte, scheute das Tier. Tanea lachte. »Das hat er mit Ezuk auch gemacht. Er muss dich erst kennen lernen.«
Wenig später verließen sie den Talkessel. Es ging ziemlich steil bergauf, aber die Pferde stiegen willig über das Geröll, als ob sie ahnten, dass bald wieder der Himmel zu sehen sein würde. Auch Tanea war froh, als sie endlich aus den Nebelschwaden herauskamen. Sie wurde oben schon von ihrem Wolf erwartet, der sie freudig umrundete. Auf einen fragenden Blick von Taro erklärte sie: »Er ist zahm. Ich habe ihn selbst aufgezogen.«
Mit kurzen Sätzen erzählte sie dem Mann die Geschichte, während sie sich vom Talkessel und dem warmen See entfernten.
»Es ist gut«, sagte Taro. »Der Wolf wird dich und die Pferde beschützen, wenn ich nicht da bin.«
Tanea verzog den Mund. »Ich kann mich selbst wehren.« Ihr Blick streifte den Bogen und die Pfeile, die sie auf ihr Bündel geschnallt hatte.
Noch ehe die Sonne unterging, erreichten sie über einen schmalen Pass den Rand einer Hochebene, die sanft nach unten abfiel. Taneas Herz schlug vor Freude schneller. Saftiges Gras spross aus dem Boden, sogar heilkräftige Kräuter und Blumen entdeckte sie. Taro sagte: »Wir sind bald da.«
Die Pferde blieben einfach stehen und fraßen, selbst das Fohlen verschmähte die Milch der Stute und rupfte am Gras. Taro lachte. »Es wird ihnen hier gefallen. Und dir sicher auch.«

Ja, dachte Tanea. Hier würde ich bleiben, wenn Ezuk auch hier wäre und mit beiden Beinen laufen könnte. Sie schaute sich nach Taros Behausung um. Er sah ihren suchenden Blick und deutete auf eine Felsengruppe, die sie bald erreichten. Die Pferde ließen sich nun, da sie ihren ersten Hunger gestillt hatten, willig weiterführen. Tanea schaute an den steil am Rande der Hochebene aufragenden Felsen hoch, die bis an den Himmel zu reichen schienen. Weit über ihnen zog ein großer Vogel seine Kreise.

»Das ist ein Adler«, erklärte Taro. »Er ist gefährlich mit seinem scharfen Schnabel und den starken Krallen an den Fängen. Aber an die Pferde wird er sich nicht wagen.«

An einer Felsspalte erkannte Tanea einen verdeckten Aufstieg. Sie nahmen den Pferden die Bündel ab und ließen sie grasen. Bald erreichten sie einen kleinen Vorsprung und Tanea stand am Eingang einer geräumigen Höhle.

»Hier?«, fragte sie.

Taro nickte. »Ja, hier.«

Drei Tage und Nächte war Tanea nun schon bei Taro. Sie fühlte sich immer heimischer, denn Taros Behausung erinnerte sie sehr an die Höhle im Tal. Bei Taro war alles so, wie sie es von Ezuks Höhle kannte: die Feuerstelle, deren Rauch in die Höhe abzog und einem nicht die Tränen in die Augen trieb, die tiefe, mit Leder ausgelegte Kochgrube, in der bald nach ihrer Ankunft eine kräftige Brühe gedampft hatte, Taros Schlafplatz und der riesige Stapel Felle, aus denen sich auch Tanea ein weiches Lager bereiten konnte. Selbst der Eingang

war so, wie sie ihn aus Ezuks früherer Höhle im Tal kannte.
Nachts schützte eine große Lederplane vor der Kälte und vor Tieren. Tanea äußerte ihr Erstaunen darüber. Taro lachte.
»Darüber brauchst du dich nicht zu wundern. Ezuk und Arun waren oft bei mir in den Bergen. Sie haben gesehen, wie ich alles machte.«
»Ezuk hat nie davon erzählt«, sagte Tanea nachdenklich. »Ich wusste nichts von dir und auch nichts von deiner Höhle.«
Wieder lachte Taro. Sein tiefes, etwas raues Lachen gefiel Tanea. »Nun weißt du von mir und ich von dir.«
Die Höhle hatte Tanea bald erkundet. Sie staunte über die reichlichen Vorräte an getrocknetem Fleisch in Körben aus geflochtenen Weidenruten, von denen auch einige randvoll mit Fett gefüllt waren. Es gab auch etliche Behälter aus hartem Leder, die rund wie Körbe geformt waren. Darin befand sich Salz. Tanea wusste, wie gut der Brei und die Suppen schmeckten, wenn sie mit den weißen Kristallen gewürzt waren. Aber Salz war kostbar und musste gegen viele Felle eingetauscht werden, wenn man nicht selbst wusste, wo es zu finden war.
Wenn Taro sie allein ließ, betrachtete Tanea alles ganz genau. Sie wunderte sich, wie ordentlich alles gestapelt und aufbewahrt war. Sie hätte gern vieles gefragt, aber sie wollte nicht neugierig erscheinen, denn Taro fragte sie auch nicht aus. Er war in allem sehr bedächtig und geduldig. Wenn es an der Zeit war, würde er ihr schon sagen, was sie wissen musste.
Tanea hätte gern gewusst, wie es damals war, wenn Arun und Ezuk eine Weile bei ihrem Onkel in den Bergen

wohnten. Aber warum war Ezuk damals nicht in die Berge geflüchtet, als ihn sein Clan ausgestoßen hatte? Hier hätte ihn doch niemand gesucht. Auch das wollte Tanea wissen. Darüber würde ihr Ezuk sicher später einmal berichten.
Tanea setzte sich mit einer Arbeit vor die Höhle auf den felsigen Vorsprung. Von hier aus konnte sie die Pferde sehen, die ruhig grasten. Ab und zu ließ sich auch der Wolf sehen. Sie lockte ihn oft mit einem Pfiff. Er spitzte dann zwar die Ohren, aber bis zur Höhle war er noch nicht gekommen. Nachts hörte sie ab und zu sein Heulen.
Tanea wusste, dass es durch einen schmalen Spalt im hinteren Teil der Höhle noch viel tiefer in den Berg ging. Taro hatte ihr verboten sich allein dort hineinzuwagen.
»Wohnen dort die Geister?«, fragte sie.
»Geister? Nein. Aber du könntest dich in den Gängen verirren und du wärst verhungert und verdurstet, ehe ich dich finden würde. Vor Geistern brauchst du dich nicht zu fürchten.«
Tanea konnte sich nicht vorstellen, wie weit verzweigt die Höhle noch war. Doch Taro hatte sie eindringlich davor gewarnt, die Höhle auf eigene Faust weiter zu erforschen.
»Ich werde gelegentlich mit dir gehen, wenn du unbedingt wissen willst, was dort zu sehen ist. Aber nicht jetzt. Jetzt ist anderes wichtiger.«
Was war wichtiger? Auch darüber machte sich Tanea Gedanken. Taro war an diesem Tag schon vor Sonnenaufgang weggegangen. Nein, er war weggeritten. Nachdem sie ihm gezeigt hatte, wie man auf einem Pferd sitzen und reiten konnte, ohne abgeworfen zu werden, hatte er schnell erkannt, dass man den langen Fußmarsch zu Luta

und Ezuk auf dem Pferderücken viel schneller zurücklegen konnte. Und er hatte darauf bestanden, auf dem Hengst zu reiten.

Das war Tanea nicht ganz recht gewesen. Der Hengst gehörte Ezuk. Taro sollte nicht denken, sie würde ihm das Tier für immer überlassen. Vielleicht schenke ich ihm später einmal das Fohlen, dachte sie. Aber noch konnte man auf dem Fohlen weder reiten, noch konnte man ihm Lasten aufbürden. Tanea träumte davon, einmal viele Pferde zu haben. Immer wieder betastete sie den Leib ihrer Stute. Ob darin ein weiteres Fohlen heranwuchs?

Noch mehr als diese Frage beschäftigte Tanea aber etwas anderes. Warum hatte Taro darauf bestanden, ohne sie zu Luta und Ezuk zurückzukehren? Sollte er Luta etwa dabei helfen, Ezuks Bein zu brechen? Ihre Frage hatte Taro nur ausweichend beantwortet. Tanea war sich fast sicher, dass Luta sie nicht dabeihaben wollte. Darüber war sie sogar ganz froh, wenn sie ehrlich war.

Immer wieder kehrten ihre Gedanken zu Ezuk, Luta und Taro zurück. Je länger Taro wegblieb, desto sicherer war sie sich, dass sie es heute tun würden. Tanea fasste nach ihrem Amulett. Wenn Ezuk wenigstens das bei sich hätte!

An diesem Abend kehrte Taro nicht in die Höhle zurück. Tanea gab das Warten auf. Als es dunkel wurde, befestigte sie die Plane am Höhleneingang. Taro hatte seitlich starke Holzpflöcke in dem Felsen befestigt. Auf diese Weise ließ sich die große, lederne Plane schnell vor den Eingang spannen, ohne dass man zu viel Kraft dafür brauchte. Tagsüber wurde sie einfach zurückgeschlagen.

Nun legte Tanea ganz gegen ihre sonstige Gewohnheit,

mit dem Brennholz zu sparen, noch einige dicke Äste von den aufgestapelten Vorräten in die Glut. Das Feuer sollte die Gedanken verjagen, die ihr Angst machten.

Luta und Taro wachten an Ezuks Krankenlager. Ezuk schlief fest. Luta hatte ihm einen starken Trank eingeflößt, der sowohl die Schmerzen betäubte als auch einen tiefen Schlaf brachte.
»Tanea wird sich ängstigen«, sagte Luta. »Hast du ihr gesagt, war wir tun wollten?«
»Nein. Aber Tanea hat gespürt, was geschehen wird. Sie ist klug und es ist nicht die erste Nacht, die sie allein verbringen muss.«
»Sie ist fast noch ein Kind«, wandte Luta ein. »Und sie hat keine Mutter gehabt, die für sie sorgte.«
Luta erzählte ihrem Bruder, was sie selbst von Tanea oder Ezuk erfahren hatte. Dabei fühlte sie, wie schon so oft in letzter Zeit, eine große Zuneigung zu dem Mädchen. »Sie hat so viel mehr erlebt als andere ihres Alters. Und es war nicht immer leicht für sie.«
»Sie ist daran gewachsen«, erwiderte Taro. »Das wird ihr einmal helfen, wenn sie nicht mehr in deiner Obhut ist, Luta.«
»Hast du die gleichen Gedanken wie ich?«, fragte Luta überrascht.
Taro lächelte. »Hatten wir nicht schon oft die gleichen Gedanken?«
Luta lachte leise in sich hinein. Sie erhob sich und füllte Wasser in die sauber ausgewaschene Kochgrube. Dann warf sie die erhitzten Steine ins Wasser, die sie mehrmals austauschte, bis das Wasser zu sieden begann. Erst dann fügte sie dem getrockneten und in kleine Krümel zerbrö-

selten Fleisch ein duftendes Kräuterbüschel und einige Körner Salz hinzu.
»Weißt du jetzt, wo das Salz zu finden ist?«, fragte sie Taro. »Du hast mich damit reichlich beschenkt. Und auch mit anderen Dingen aus deinen Vorräten. Ich werde gern mal wieder zu dir kommen. Du hattest auch immer versprochen mir zu zeigen, was in den anderen Höhlen ist.«
Taro lachte schallend, was ihm einen missbilligenden Blick Lutas einbrachte, die auf den schlafenden Ezuk wies. »Deine Neugier ist nicht weniger groß als die Taneas«, sagte er. »Ihr musste ich auch einschärfen nicht allein die Geheimnisse der hinteren Höhlen zu erforschen. Das könnte gefährlich werden.«
Luta seufzte tief. Sie war nicht sicher, ob Tanea sich an das Verbot halten würde. Aber damit wollte sie Taro jetzt nicht beunruhigen. Aus der Kochgrube stieg der würzige Duft einer fetten Brühe auf. Luta nickte zufrieden. Wenn Ezuk aufwachte, würde ihm diese Mahlzeit sicher munden. Aber auch sie verspürte nach den Anstrengungen und den Aufregungen dieses Tages Hunger. Taro holte sich ein knöchernes Gefäß und brachte auch Luta eine Schüssel mit, die aus der Hirnschale eines Tieres gearbeitet war. Sie schöpften Brühe aus der Kochgrube und schlürften genüsslich. Ezuk rührte sich nicht. Er schlief fest.
»Hoffentlich wird er bald wieder laufen können«, meinte Luta besorgt. Vor Ezuk hatte sie nicht gewagt irgendwelche Zweifel am Gelingen dieses Unternehmens zu äußern. Sie prüfte noch einmal die Lage des Beines in der Schiene, die Taro angefertigt hatte, indem er eine Tierhaut im See durchnässt und dann wie eine oben offene

Röhre um Ezuks Bein gelegt hatte. Das Leder trocknete bereits und würde bald ganz hart sein. Mit breiten Lederstreifen hatten sie die Schiene um das gebrochene Bein zusammengehalten. Die Heilung würde viel Zeit in Anspruch nehmen. Und noch mehr Zeit war nötig, damit Ezuk wieder laufen lernte. Luta wusste, wie geschwächt Ezuk war.

»Er wird sicher nicht wieder so laufen können wie früher«, gab Taro zu. »Das Bein wird kürzer bleiben. Aber er wird sich daran gewöhnen und froh sein, wenn er die Krücken nicht mehr braucht.«

Luta nickte. »Ich befürchte, es wird zwischen ihm und Jaka zu einem erbitterten Kampf kommen. Ezuk soll nicht von vornherein unterlegen sein.«

»Er sollte Jaka aber auch nicht herausfordern. Der Hass hat in Jaka die Kräfte wachsen lassen. Ezuk hätte nicht zurückkommen sollen.«

Über Lutas Gesicht glitt ein flüchtiges Lächeln. »Er hatte einen Grund: Tanea. Sie soll bei mir lernen, was er ihr nicht beibringen konnte. Aber Tanea ist sehr eigenwillig . . .«

Taro verkniff sich ein Lachen. »Das habe ich schon gemerkt. Auch wenn ich sie erst so kurze Zeit kenne.«

»Und jetzt hat Ezuk Gründe zu bleiben«, fügte Luta hinzu.

»Jaka wird darüber nicht froh sein. Welche Gründe sind es?«

Luta überlegte, ob sie ihrem Bruder anvertrauen sollte, was bisher ihr Geheimnis gewesen war, das sie nicht einmal Ezuk gegenüber gelüftet hatte. Sie warf einen Blick auf ihren Sohn, der jedoch durch den betäubenden Trank noch immer fest schlief.

»Als Jaka Wigu damals an sein Feuer genommen hat,

trug sie bereits Ezuks Sohn in ihrem Leib. Ezuk weiß das.«
Jetzt wurde auch Taros Miene ernst. »Ich befürchtete es längst.«
Luta nickte nur. Schweigend deckte sie das Feuer ab. Es war an der Zeit schlafen zu gehen.

Tanea konnte in dieser Nacht nicht schlafen. Die ungewohnten Geräusche in der Höhle und die tanzenden Schatten, die das Feuer auf die felsigen Wänden warf, versetzten sie in Angst und Schrecken. Sie zog sich die Felle über den Kopf. Aber gleich darauf deckte sie sich wieder auf und lauschte auf die Geräusche, die aus der Tiefe der Höhle kamen.
Nach dieser Nacht war sie fest davon überzeugt, dass dort Geister wohnten.
Aber welche Geister? Der des Großen Höhlenbären? Die der Pferdeleute? Oder der Geist der Wölfin? Vielleicht alle zusammen?
Zusammengekauert auf ihrem Felllager, hatte sie den Morgen herbeigesehnt. Wenn sie die Hände vor die Augen legte, um die tanzenden Schatten nicht zu sehen, erschienen Gesichter: Mognu und Luta. Und ein Gesicht, das ihr fremd war. Eine Frau mit hellem Haar und großen Augen. Und dann verschwammen all diese Gesichter zu einem. Tanea konnte sie nicht mehr auseinander halten.
Einmal war sie für kurze Zeit eingeschlafen. An den Traum konnte sie sich noch gut erinnern, als sie jetzt auf dem felsigen Vorsprung stand und nach den Pferden schaute, die auf der Wiese standen. Es war ein schöner Traum gewesen und Tanea wünschte, er wäre wahr.

Henek war gekommen. Er hatte sie gesucht und war ihr in die Berge gefolgt. Sein Lachen hatte wie das von Taro geklungen.
»Jetzt zünden wir das Feuer für uns an«, hatte Henek im Traum gesagt.
Der schöne Traum ließ die Ängste der Nacht kleiner werden. Ja, wenn Henek bei ihr gewesen wäre! Dann hätte sie bestimmt keine Geister gehört.
Tanea stieg auf dem schmalen Pfad nach unten. Sie wollte nach der Stute und dem Fohlen sehen. Als sie die Tiere erreicht hatte, schmiegte sie sich zärtlich an den Leib der Stute. Ob sie wohl wieder ein Fohlen trug?
Dann überkam sie plötzlich Lust über die Wiese zu reiten. Sie schwang sich auf den Rücken der Stute und trieb sie zu einem schnellen Ritt an. Wie lange hatte sie das vermisst! Sie war richtig glücklich über ihre wiedergewonnene Freiheit. Ab und zu warf sie einen Blick zurück, damit sie später auch zur Höhle zurückfinden würde. Immer weiter entfernte sie sich. Vor der Höhle ging es sanft bergab, das saftige Gras stand dichter als oben vor den Felsen. Doch dann hielt sie mit einem Ruck die Stute zurück. Sie glaubte ihren Augen nicht zu trauen: Weit vor ihr im Tal weidete eine kleine Pferdeherde. Die Stute wieherte und schnaubte freudig. Die Pferde hoben ihre Köpfe und witterten. Sie musste die Stute gewaltsam zurückhalten und zog auch das Fohlen an der Mähne dicht heran. Was hatte Mognu gesagt: Es sei sehr schwierig und gefährlich, erwachsene wilde Pferde zu zähmen. Oft würden auch Pferde aus der Umzäunung ausbrechen, um sich wieder wilden Pferdeherden anzuschließen. Nachdenklich ritt sie zurück. Ich muss es Taro erzählen, dachte sie. Ob er weiß, wie nahe die Pferdeherde ist?

Er ist groß und stark. Taro kann reiten. Vielleicht konnte er ein oder zwei der wilden Pferde einfangen und zähmen. Tanea erinnerte sich daran, wie die Männer der Pferdeleute mit einem langen Lederriemen wilde Pferde eingefangen hatten, um die Verluste auszugleichen, die durch den schweren Wirbelsturm entstanden waren. Aber dazu brauchte man mindestens zwei Männer. Ob sie so viel Kraft aufbringen konnte wie ein Mann? Oder ob Ezuk später, wenn sein Bein gesund geworden war, mit ihr und Taro Pferde fangen und zähmen konnte?
Voller Tatendrang ritt Tanea zurück. Sie dachte nur noch an die Pferdeherde. Wie schön wäre es, gemeinsam mit Ezuk und Taro und einer großen Pferdeherde in den Bergen zu leben! Darüber vergaß sie ihren schönen Traum, in dem sie mit Henek ein Feuer anzünden wollte. Alles, was mit dem Bärenclan am Großen Fluss zusammenhing, war ganz weit weggerückt.
Vorsichtshalber holte sie aus der Höhle zwei dicke Hölzer, die sie mit einem schweren Stein in die Erde rammte. Daran pflockte sie die Stute an. Das Fohlen würde bei seiner Mutter bleiben. Aber den Hengst mussten sie festbinden, wenn Taro zurückkehrte. Die Pferdeherde im Tal konnte gefährlich werden. Es galt, vorsichtig zu sein.
Trotzdem überlegte Tanea immerzu, ob es wohl möglich war, aus der Herde ein oder zwei Tiere zu fangen. Auf diese Weise verging der Tag schneller als erwartet. Erst als sie Taro erblickte, der über den schmalen Pass auf die Hochebene einbog, klopfte ihr Herz voller Angst. Sie lief ihm entgegen.
»Habt ihr es getan? Hat Ezuk große Schmerzen? Wird er wieder laufen können?«

Taro nickte beruhigend. »Es wird alles gut werden. Aber du musst viel Geduld haben.«
Tanea atmete erleichtert auf. Sie glaubte Taro. Als sie jedoch Einzelheiten wissen wollte, wehrte er ab. »Das hat Zeit. Ich berichte dir alles später.«
Tanea nahm ihm den Riemen ab, an dem er den Hengst führte, und pflockte das Tier an. Als sie seinen fragenden Blick sah, lachte sie.
»Das hat Zeit. Ich berichte es dir später«, wiederholte sie grinsend seine Worte. »Aber es ist etwas, das dir viel Freude machen wird.«

Einige Tage später durfte sie zu Luta und Ezuk reiten, um ihnen frisches Fleisch und heilende Kräuter zu bringen. Taro hatte ihr den Weg genau beschrieben. Er hatte auch einige Zeichen hinterlassen, damit sie sich nicht verirren würde.
»Die Zeichen müssen wir entfernen, sobald du den Weg genau kennst«, sagte Taro. »Niemand sonst soll ihn finden. Jaka wird keine Ruhe geben, bevor er nicht weiß, wo Ezuk ist. Er war schon einmal in den Bergen, um ihn zu suchen.«
»Hat er keine Angst vor den Geistern?«
»Hast du denn Angst?«, war Taros Gegenfrage. Tanea wurde verlegen. Sie gestand ihm, dass sie sich tatsächlich ein wenig gefürchtet hatte, als sie allein gewesen war.
»Wir werden mal gemeinsam in die Höhlen gehen«, versprach Taro.
Sie wissen alle viel mehr, als sie mir sagen, dachte Tanea. Taro wusste von der Pferdeherde im Tal. Aber erst durch mich hat er erfahren, wie nützlich Pferde sein können, dachte Tanea. Sie freute sich schon darauf, mit Taro

gemeinsam einige Tiere aus der Herde einzufangen. Erst eins, dann noch eins . . .
Schneller, als sie dachte, war sie am Rand des Talkessels angekommen. Schon von weitem hatte sie den Nebel aufsteigen sehen, der den warmen See und die Höhle verbarg. Vorsichtig sah sie sich um, ob nicht Jaka oder einer seiner Leute in der Nähe waren. Sie hatte gelernt vorsichtig zu sein. Dann begann sie den Abstieg, nicht ohne einen letzten bedauernden Blick auf den blauen Himmel und die Sonne über sich zu werfen. Das alles würde sie nun entbehren, bis Taro kam und sie wieder in die Berge zurückkehren konnte. Sie fühlte sich hier viel wohler als in dem Dorf am Großen Fluss.
Vor allem empfand sie die Freiheit, die sie hier wieder hatte, wie ein Geschenk. Taro zwang sie nicht, unnötige Arbeiten zu tun. Er unterwies sie darin, Spuren zu lesen, um ein Wild aufzuspüren, er zeigte ihr die Baue der Murmeltiere, die sie mit Fallen fangen konnte, und er ließ sich von ihr die Vorteile von Pfeil und Bogen erklären. Die konnten bei der Jagd sehr viel nützlicher sein als ein Speer.
Auch an die Pferdeherde hatten sie sich noch einmal herangewagt. Vorsichtiger aber. Das letzte Stück waren sie zu Fuß gegangen und konnten so viel näher an die Tiere herankommen. Taro hatte auf einen Hengst gezeigt und auf eine Stute, die ein Fohlen führte.
»Die holen wir uns!«, flüsterte er. Aber dazu brauchten sie noch etwas Zeit.
Tanea freute sich darauf, gleich Luta und Ezuk wieder zu sehen. Sie erschauerte, wenn sie an die Schmerzen dachte, die Ezuk jetzt wieder aushalten musste. Immer wieder dachte sie, wie gut es war, dass sie nicht dabei

gewesen war, als Luta und Taro Ezuks Bein erneut gebrochen hatten.
Sie legte die Hände zu einem Trichter zusammen und ahmte den Ruf nach, den Luta mit dem Horn ausgestoßen hatte, um Taro zu rufen. Die Felswände gaben ihn als Echo zurück. Aber Luta hatte sie längst gesehen. Sie kam ihr entgegen und drückte Tanea an sich.
»Hast du allein hierher gefunden?«
Tanea nickte. Sie gab Luta den Riemen, an dem sie die Stute führte, und rannte voraus in die Höhle. Ezuk erwartete sie schon. Er stützte sich auf die Arme und versuchte sich aufzurichten.
»Da bist du ja wieder.«
Tanea kniete sich neben sein Lager. »Hast du Schmerzen, Ezuk?«
»Nicht mehr so viel«, gab er ehrlich zu. »Aber ich werde wieder laufen können. Bald sogar.«
In Taneas Augen glitzerten Tränen. »Ich habe damals nicht gewusst, wie man das Bein schienen muss, damit es richtig zusammenwächst.«
Ezuk ahnte erst jetzt, mit welchen Vorwürfen sich Tanea quälte.
»Daran hast du doch keine Schuld, Tanea. Ohne dich wäre ich tot. Aber ich will leben!«
Tanea legte ihren Kopf auf seine Brust. Ezuk strich ihr übers Haar. Luta, die inzwischen mit dem Fleischbündel die Höhle betreten hatte, störte die beiden nicht. Sie wusste, es war nötig, dass Tanea sich ausweinte. Zu viel hatte in der letzten Zeit auf ihr gelastet. Sie ist ja fast noch ein Kind, dachte sie zärtlich. Und sie hat schon mehr geleistet als mancher Mann.
Tanea ließ es sich nicht nehmen, für Ezuk die zartesten

Fleischstücke selbst auf die Spieße zu stecken und ihm zu bringen. Er aß mit großem Genuss. Tanea erzählte unterdessen von ihren Erlebnissen. Ezuk konnte nicht genug davon hören, was Taro und Tanea mit der Pferdeherde im Tal vorhatten. »Und du glaubst, ihr könntet aus der Herde Tiere herausholen und zähmen?«
Tanea nickte. »Ich glaube, man sollte vielleicht zunächst das Fohlen einfangen. Das wehrt sich noch nicht so stark wie ein älteres Tier. Und die Mutter wird ihr Kind nicht verlassen.«
Jetzt wurde Luta aufmerksam. »Das ist ein kluger Gedanke, Tanea. Welche Mutter lässt schon ihr Kind im Stich«, meinte sie nachdenklich. Und sie dachte dabei nicht nur an Taneas Mutter, sondern auch an sich.

Das warme Wasser des Sees lockte Tanea. Sie zog ihren Kittel aus und stieg vorsichtig ins Wasser. Es war viel angenehmer, als im eiskalten Fluss zu baden. Nur der Geruch des Wassers war ungewohnt. Luta stand am Ufer und beobachtete Tanea.
»Bleib in der Nähe des Ufers, Tanea. Je weiter du zur Mitte schwimmst, umso wärmer wird das Wasser«, warnte sie. »Manchmal kommt dort das heiße Wasser wie eine Flamme hoch und könnte deine Haut verbrennen.«
Tanea nahm die Warnung ernst. Obwohl sie gern ans andere Ufer geschwommen wäre, mied sie die Mitte des Sees. Taro hatte ihr erklärt, dass das Wasser des Sees immer warm war, auch wenn der Winter oben in den Bergen alles mit Eis und Schnee bedeckte.
»Hier in den Bergen bebt die Erde oft«, hatte er erzählt. »Und an manchen Stellen werden dann Steine und Schlamm aus dem Inneren der Erde geschleudert, die

glühend heiß sind. Ich glaube, so ist das auch mit dem Wasser des Sees. Andere Seen in den Bergen sind eiskalt.«
Tanea hatte schon in der kurzen Zeit, die sie Taro kannte, oft darüber gestaunt, wie genau er alles beobachtete. Die Pflanzen, die Tiere und auch die Berge, deren Gipfel selbst im Sommer mit Schnee bedeckt waren. Manchmal donnerten große Mengen Schnee von den Bergen herunter.
»Davor haben die Leute des Bärenclans Angst«, sagte er. »Sie denken, es ist das Grollen des Großen Höhlenbären.«
»Ist es das?«, hatte Tanea gefragt.
»Vielleicht«, hatte Taro ausweichend geantwortet.
Vieles war neu für Tanea. Sie hatte so viele Fragen. Wie einfach war dagegen das Leben mit Ezuk damals gewesen, als sie noch keine anderen Menschen kannte! Immer wieder kehrte sie in ihren Erinnerungen in das Tal zurück, in dem sie viele Jahre allein mit Ezuk gelebt hatte. Aber sie konnte sich selbst noch keine Antwort auf die Frage geben, ob sie all das, was sie inzwischen erlebt hatte, wirklich missen mochte.
»Komm jetzt heraus«, rief Luta und schreckte Tanea aus ihren Gedanken. »So lange im warmen Wasser zu bleiben ist nicht gut.«
Tanea verließ das warme Wasser nur ungern. Sie wäre gern noch drin geblieben. Aber sie wollte Luta nicht verärgern. Gehorsam stieg sie aus dem Wasser und zog ihren leichten Kittel über.
»Hast du gespürt, wie leicht das Wasser deine Glieder macht?«
»Ja. Es ist anders als im Fluss. Und es macht ein bisschen müde.«

Tanea wunderte sich, dass sie das so bestimmt sagen konnte, obwohl sie beim Schwimmen mit ihren Gedanken ganz woanders gewesen war.
Luta nickte zufrieden. »Das sind die heilenden Kräfte dieses Wassers. Ezuk wird im Wasser seine Gelenke besser bewegen können. Er muss oft im See baden, wenn die Knochen zusammengewachsen sind. Das warme Wasser wird ihm gut tun. Und jetzt komm, du musst noch viel von mir lernen.«
Sie setzten sich unweit der Höhle, in der Ezuk schlief, auf den harten, felsigen Boden. Tanea befürchtete, sie müsse sich mit einer mühsamen Flechtarbeit beschäftigen oder lernen, wie man weich gewalkte Lederstücke sorgsam zusammennäht. Umso überraschter war sie, als Luta begann über Heilpflanzen zu sprechen, wann man sie am besten sammelte und wie man sie aufbewahrte.
»Wurzeln, Knollen und Zwiebeln von Pflanzen, die zum Heilen benutzt werden, musst du am besten im Winter ausgraben, sofern der Boden nicht gefroren ist.«
»Warum, Luta?«
»Denk nach, dann wirst du die Antwort selbst finden, Tanea.«
Tanea dachte nach, aber sie war nicht ganz sicher, ob ihre Antwort richtig war. »Weil man dann über der Erde nur vertrocknete Stängel sieht? Steckt dann die Heilkraft unter der Erde in den Wurzeln und Knollen?«
Luta war zufrieden mit der Antwort. »Im Winter ruht die Heilkraft in den Teilen der Pflanze, die man nicht sehen kann. Wenn du aber Pflanzen sammelst, deren Blätter und Blüten du brauchst, dann musst du sie kurz vor der Blüte pflücken. Von den Blüten nimm nur die,

die erst halb geöffnet sind. Die Lebenskraft ist von den Wurzeln nach oben gegangen. Hast du das verstanden?«

»Ich habe es verstanden. Die Pflanzen brauchen die Kraft jetzt für die Blätter und Blüten.«

»Und noch etwas«, setzte Luta hinzu. »Sammle deine Heilpflanzen, wenn der Mond zunimmt. Sie haben dann die meiste Heilkraft . . .«

Tanea merkte sich alles genau. Oft wiederholte sie gewissenhaft, was Luta ihr beibrachte. Sie wollte nicht noch einmal etwas falsch machen, wenn ihre Hilfe gebraucht wurde. Für die Schmerzen, die Ezuk erdulden musste, fühlte sie sich immer noch verantwortlich. Luta freute sich über die Gewissenhaftigkeit, mit der Tanea lernte.

»Kennst du die Pflanze, die wir Baldrian nennen?«

Tanea dachte nach. »Wächst sie auf feuchten Wiesen? Hat sie gefiederte Blätter und rötlich weiße Blüten?«

Luta nickte. »Die Wurzeln dieser Pflanze muss man sammeln, bevor der Winter kommt. Sie ist gegen viele Krankheiten gut, besonders wenn der Schlaf nicht kommen will. Für Ezuk habe ich daraus einen starken Trunk bereitet, damit er viel schläft. Er hat gespuckt und wollte ihn nicht trinken. Baldrian riecht nicht gut.«

Tanea lachte. Jetzt konnte sie sich auch an den Geruch erinnern.

»Wir werfen die Wurzeln auch ins Feuer, damit böse Geister durch den Geruch vertrieben werden«, erklärte Luta.

Das verstand Tanea nicht. »Dazu werde ich die Wurzeln dieser Pflanze nicht verwenden«, entschied sie. »Mit den bösen Geistern würde ich auch die guten vertreiben. Dem Geist, der in der Wölfin wohnt, würde der Geruch sicher

auch nicht gefallen.« Unbewusst griff Tanea nach ihrem Bernsteinamulett. Luta lächelte freundlich dazu. Am liebsten hätte sie Tanea in die Arme genommen.
»Morgen bringe ich dir bei, welche Kräuter helfen, wenn Frauen bei ihren Mondblutungen Schmerzen haben.« Sie schaute zur Höhle. Ezuk war wach geworden und stützte sich auf die Ellbogen. »Du kannst mir jetzt helfen auf Ezuks Bein einen frischen Kräuterbrei aufzulegen.«

Die Tage vergingen viel zu schnell. Tanea konnte nicht sagen, ob ihr die Zeit bei Luta und Ezuk oder bei Taro besser gefiel. Auf jeden Fall war es hier in den Bergen viel schöner als im Dorf am Fluss. Sie fand den Weg zu Taro und wieder zurück nun auch ohne die Zeichen. Taro entfernte die Zeichen, damit sie nicht ungebetenen Gästen den Weg wiesen. An eine solche Möglichkeit hatte Tanea auch schon gedacht. Ihr kam dabei sofort Jaka in den Sinn. Nein, der durfte auf keinen Fall wissen, wo Ezuk sich verborgen hielt. Immer, wenn sie an Jaka dachte, lief ihr ein Schauer über den Rücken.
Oft gesellte sich auch der Wolf zu ihr, wenn sie mit der Stute unterwegs war. Sie stieg dann ab, um dem Wolf das Fell zu kraulen. Er war groß und stark geworden. Wenn sie mit ihm spielte, spürte sie die Kraft, die in ihm steckte. So plötzlich, wie er auftauchte, verschwand er auch wieder.
Als Tanea an einem warmen Tag zu Taro zurückkehrte, trieb er gerade einen starken Pflock tief in den Boden. Rundherum befestigte er ihn mit Steinen in dem Loch und rüttelte immer wieder daran, um den Halt zu prüfen. Tanea wusste sofort, was das bedeutete.
»Versuchen wir es morgen?«, fragte sie.

»*Ich* versuche es!«, betonte Taro. »Es ist gefährlich. So ein wildes Pferd kann dich schwer verletzen.«
»Dich auch!« Tanea war nicht damit einverstanden, dass er sie auf den Pferdefang nicht mitnehmen wollte.
Taro aber blieb bei seinem Entschluss. Tanea durfte nicht mit bis zur Herde, als er mit einem langen Lederriemen dicht heranschlich. Sie musste den Hengst halten, auf den Taro aufspringen wollte, wenn das gefangene Tier davonjagte. Taro hatte tagelang einen jungen Hengst beobachtet, dem er die Schlinge um den Hals werfen wollte, so wie Tanea es bei den Pferdeleuten gesehen hatte. Taro hatte es sich erklären lassen. Er hatte den Gebrauch der Lederschlinge auch immer wieder geübt. Zuerst an Felsen, dann an Ezuks Hengst.
Nun war es endlich so weit. Tanea hatte die Stute nicht mitgenommen. Sie war zu Fuß neben Taro und dem Hengst bis in die Nähe der Herde gelaufen. Nun hielt sie den Hengst fest am Riemen und redete ihm beruhigend zu, damit er nicht durch Wiehern und Schnauben die Herde vorzeitig in Unruhe versetzte.
Und dann ging alles ganz schnell. Tanea sah, wie die Herde in rasender Geschwindigkeit davonstob. Sie musste Ezuks Hengst gut festhalten, damit er nicht ebenfalls weglief. Es schien ewig zu dauern, bevor sich die wilden Pferde wieder beruhigten und ein Stück entfernt wieder grasten.
Jetzt erst schaute sich Tanea nach Taro um. Er wurde an dem Riemen, den er sich um die Handgelenke geschlungen hatte, von dem Pferd mitgeschleift, das er aus der Herde herausgefangen hatte. Schnell sprang Tanea auf den Hengst und jagte hinterher. Später konnte sie nicht einmal sagen, wie es ihr gelungen war,

dem Wildpferd eine zweite Schlinge über den Kopf zu werfen. Dadurch konnte Taro seinen Riemen etwas lockern und musste sich nicht mehr über den Boden schleifen lassen.
Endlich stand der gefangene junge Hengst mit zitternden Flanken und Schaum vor den Nüstern still. Er schnaubte erschöpft und versuchte immer wieder sich von den Schlingen zu befreien. Gemeinsam zogen sie ihn bis zu dem Pflock, wo sie ihn an einem langen Lederriemen festbanden. In seine Nähe wagten sie sich aber nicht, weil er immer wieder mit den Hinterläufen ausschlug und zu beißen versuchte.
Tanea lachte, als sie Taro anschaute. Seine Füßlinge hatte er verloren und sein Lederkittel war zerfetzt. Dann betrachtete sie besorgt seine Schürfwunden und die tiefen blutigen Striemen an den Handgelenken.
»Ich werde dir frische Blätter auflegen, dann heilt es schneller«, versprach sie. »Luta hat mir schon viel beigebracht«, fügte sie stolz hinzu.
Taro kümmerte sich aber vorerst wenig um seine Verletzungen. »Er hat sich sehr gewehrt«, sagte er. »Aber er wird sich an mich gewöhnen und ich werde ihm nie mehr wehtun.«
»Wirf ihm deinen Kittel hin, damit er sich langsam an deinen Geruch gewöhnt«, riet Tanea. »Das haben die Männer der Pferdeleute auch so gemacht. Ich werde unterdessen deine Füßlinge suchen«, sagte sie lachend.
Sie holte ihre Stute und ritt mit ihr auf den Spuren davon, die Taro im Gras hinterlassen hatte. Ab und zu stieg sie ab und pflückte die Kräuter, die sie zerstampfen und Taro auf die Wunden legen wollte. Bald fand sie erst den einen,

dann den anderen Füßling. Hier war die Spur viel breiter, weil das wilde Pferd Taro hinter sich hergeschleift hatte. Tanea konnte nicht widerstehen und ritt so nahe wie möglich an die Herde heran, die jetzt friedlich beisammenstand und graste. Sie suchte nach der Stute mit dem Fohlen. Aber die stand jetzt inmitten der anderen. Tanea gab jedoch ihre Hoffnung nicht auf, an einem anderen Tag das Fohlen wegzuholen. Die Stute würde nachkommen. Dessen war sie sich ganz sicher.

Taro sorgte immer für eine Mahlzeit aus frischem Fleisch, das er mit Luta und Ezuk teilte. Trotzdem jagte Tanea gern mit der Wurfschleuder nach den schnellen Murmeltieren, die sich gegenseitig durch schrille Pfiffe vor Gefahren warnten. Großes Wild wie die Steinböcke, die Taro zur Strecke brachte, konnte sie nicht erlegen, weder mit der Wurfschleuder noch mit ihren Pfeilen. Dazu war auch ihr Bogen nicht stark genug. Aber es machte ihr Spaß, die wachsamen Murmeltiere zu überlisten. Ihre Felle waren weich und ließen sich bestimmt gut verarbeiten.
Taro war wieder unterwegs zum warmen See und Tanea harrte vor einem Murmeltierbau aus. Sie hatte vor einem zweiten Ausgang, den sie entdeckt hatte, eine Falle aufgestellt. Plötzlich sah sie vor sich einen Schatten. Erschrocken fuhr sie herum, konnte aber im ersten Augenblick nichts erkennen, weil sie gegen die Sonne schauen musste. Sie sprang auf und griff nach ihrem scharfen Steinmesser, das sie im Gürtel stecken hatte. Da erkannte sie Henek.
»Wie hast du mich gefunden?«, fragte sie erschrocken.
Henek lachte und zeigte auf die Pferde. »Deine Stute sah ich. Du konntest nicht weit sein.«

»Und Jaka?« Taneas Beine zitterten. Sie hatte Angst, Jaka könnte ihnen auch auf der Spur sein.
»Jaka sucht nicht in den Bergen«, beruhigte Henek sie. »Er weiß, dass Ezuk und Luta wiederkommen werden.«
»Wieso bist du so sicher, dass sie das tun werden?«
»Es geht um Ezuks Ehre. Er wird nicht wie ein Feigling davonlaufen. Das weiß Jaka.«
Tanea gab nur sehr ausweichende Antworten auf Heneks Fragen, wo Ezuk und Luta sich aufhielten. Auch sprach sie nicht darüber, was mit Ezuks Bein geschehen war. »Ich lebe hier bei Taro«, sagte sie nur. »Wir haben eine Herde wilder Pferde entdeckt und eins davon gefangen.«
Henek ließ sich leicht ablenken und fragte nicht weiter. Taneas Misstrauen, er könne von Jaka geschickt worden sein, schwand langsam. Aber sie blieb vorsichtig. Trotzdem freute sie sich über sein Erscheinen. Sie verstand selbst nicht, weshalb sie das so fröhlich machte. Er hat nach *mir* gesucht, dachte sie. Nicht nach Ezuk und Luta.
Als sie ihn zu dem angepflockten jungen Hengst führte, der immer noch nicht zuließ, dass sich ihm jemand näherte, fragte er: »Ob ich mir auch einen Hengst aus der Herde holen könnte?« Seine Augen blitzten unternehmungslustig. Tanea lachte. »Nur dann, wenn du mir zuerst hilfst das Fohlen wegzulocken. Ich brauche nämlich viele Pferde.«
In Taneas Freude über Heneks Ankunft mischte sich die Sorge darüber, was Taro dazu sagen würde, ihn hier vorzufinden. Sie wagte nicht Henek den Zugang zur Höhle im Felsen zu zeigen. Immer wieder hielt sie Ausschau nach Taro. Er hatte darüber zu entscheiden, was geschehen sollte.

Henek spürte Taneas Unruhe. Schließlich fragte er wieder: »Wo sind Ezuk und Luta? Du bist mit Luta fortgegangen. Ich sehe sie nicht. Und Ezuk ist auch nicht da.«
»Sie sind beide nicht da«, antwortete Tanea ausweichend. Zu ihrer Erleichterung tauchte Taro endlich auf und sie musste nichts mehr sagen. Taro runzelte die Stirn, als er Henek sah.
»Was suchst du in den Bergen?«, fragte er streng. »Hat Jaka dich geschickt? Oder sind noch andere . . .«
»Ich bin allein gekommen«, sagte Henek schnell, bevor Taro weitersprechen konnte. »Tanea habe ich gesucht. Ich habe sie gefunden. Wenn sie meine Frage beantwortet hat, werde ich wieder gehen und warten, bis sie zum Fluss zurückkommt.«
Taneas Gesicht färbte sich bis zum Haaransatz rot. Sie wusste, was Henek fragen wollte, aber sie war sich unsicher, ob sie ihm die Antwort jetzt schon geben konnte.
»Der Sommer ist noch nicht zu Ende«, sagte Taro bedächtig. »Bist du schon ein Mann geworden?«
Henek warf den Kopf in den Nacken. Trotz klang in seiner Stimme mit, als er erwiderte: »Der Sommer ist noch nicht zu Ende, du hast es selbst gesagt. Wenn sich das Laub der Bäume färbt und das Gras braun geworden ist, werde ich unter den Männern sein.«
»Dann warte auch solange, bevor du Tanea fragst.«
Henek bückte sich und nahm seinen Speer auf. »Tanea weiß jetzt, dass ich kein anderes Mädchen bitten werde mein Feuer zu hüten. Ich gehe zum Fluss zurück.«
Taros strenge Miene wurde freundlicher. »Wenn du es

nicht sehr eilig hast, dann sei mein Gast. Ich möchte gern wissen, ob man dich ohne Bedenken unter den Männern aufnehmen kann.«

Es entging ihm nicht, dass Taneas Augen vor Freude strahlten. Tanea verstand nicht, warum Taro Henek zum Bleiben einlud. Was würde er antworten, wenn Henek nach Luta und Ezuk fragte?

Am nächsten Morgen erhielt Tanea von Taro den Auftrag, vom tags zuvor erjagten Wild einen Teil zu Luta und Ezuk zu bringen. Sie freute sich zwar die beiden wieder zu sehen, aber sie verließ die Höhle in den Felsen nur sehr ungern. Sie wäre Heneks wegen gern geblieben. Zu fragen, warum sie gerade jetzt weggeschickt wurde, wagte sie jedoch nicht.

Auch Henek hielt seine Frage nach Ezuk und Luta zurück. Taro hatte ihm gesagt, Ezuk würde wieder ohne Krücken laufen können, wenn er zum Clan am Großen Fluss zurückkehrte. Über diese Äußerung Taros war Tanea sehr glücklich gewesen. Wenn Taro sich so sicher war, brauchte auch sie sich nicht mehr zu ängstigen und konnte alle Zweifel vergessen.

»Wie lange soll ich bei Luta bleiben?«, fragte sie, weil sie das Gefühl hatte, Taro wollte mit Henek allein sein. Wahrscheinlich wollte sich Taro davon überzeugen, ob es gut für sie war, Henek an sein Feuer zu folgen.

»Luta wird hören, wenn ich dich rufe«, sagte Taro und deutete auf das Horn. »Lass die Stute und das Fohlen hier. Bei Luta haben sie kein Futter.«

Widerstrebend lud sich Tanea wenig später das Bündel mit dem frischen Fleisch auf, zu dem Taro auch einen kleinen Beutel Salz und die von Tanea gesammelten Kräuter gelegt hatte. Sie wusste, dass sie längere Zeit

wegbleiben sollte, sonst hätte Taro nicht bestimmt, sie solle die Stute zurücklassen und den weiten Weg zu Fuß gehen. Das Bündel war schwer. Tanea fügte sich jedoch ohne Widerspruch, weil sie sich vor Henek nicht rügen lassen wollte.
»Du darfst Tanea ein Stück begleiten und das Fleisch tragen«, sagte Taro zu Henek, als Tanea sich auf den Weg machte. »Die Hälfte des Weges. Sie wird dir sagen, wann du umkehren musst.«
Darüber freute sich nicht nur Henek. Tanea übergab ihm das schwere Bündel, das er sich auf die Schultern lud. Sie liefen eine ganze Weile schweigend nebeneinanderher. Endlich fragte Tanea: »Ist Taro oft am Großen Fluss? Und weißt du, weshalb er in den Bergen lebt?«
Henek sah sie überrascht an. »Weißt du das nicht? Taro ist der Mann, der die Geheimnisse des Clans bewahrt. Er allein kann den Großen Höhlenbären um Hilfe bitten. Er kennt die geheimen Rituale und Beschwörungen und kann den Männern sagen, wo sie die großen Herden der Mammute finden, damit alle satt werden und den Winter überleben. Der Große Höhlenbär zeigt sich den Jägern, wenn Taro ihn beschwört, um ihnen den Weg zu den Mammuten zu zeigen. Taro ist es auch, der am Ende eines jeden Sommers bestimmt, wer von den Knaben zu den Männern gehören darf.«
»Das habe ich nicht gewusst«, sagte Tanea leise. Sie dachte unwillkürlich an Mognu, die alte Schamanin des Pferdeclans, bei der sie einen Sommer lang gelebt hatte. Manche Äußerung Taros bekam nun nachträglich für sie eine neue Bedeutung. »Hast du Taro deshalb in den Bergen gesucht?«, fragte sie.
Henek blieb stehen und legte das Fleischbündel ab.

»Nein«, sagte er. »Ich bin deinetwegen gekommen. Aber es ist gut für mich, wenn Taro sich selbst davon überzeugt, ob ich es wert bin, ein Mann zu sein.«
»Ja, das ist gut«, stimmte Tanea ihm zu. »Ich werde mit Luta und Ezuk an den Großen Fluss zurückkehren . . .«
Sie sprach es nicht aus, aber Henek war nun sicher, dass er sie an sein Feuer holen durfte.
»Geh nun wieder zu Taro«, bestimmte Tanea. »Das letzte Stück will ich allein gehen. Es gibt vieles, worüber ich nachdenken möchte.«

Nicht nur Tanea brauchte Zeit zum Nachdenken. Auch Taro wollte überprüfen, ob sein Eindruck von Henek richtig war. Es missfiel ihm nicht, sich Tanea an Heneks Feuer vorzustellen. Für ihn würde sie nicht die Fremde sein, wie für die anderen des Clans. Und Tanea würde Henek, ohne zu zögern, folgen, wenn er einmal den Fluss verlassen sollte, um in den Bergen zu leben. Sie war die richtige Gefährtin für ihn, da war er sich ganz sicher. Unwillkürlich waren Taros Gedanken wieder an dem Punkt angelangt, der ihn seit Heneks Auftauchen unentwegt beschäftigte. Henek, der an Jakas Feuer lebte und Wigus Sohn war, ähnelte Ezuk wirklich immer mehr. Das war bestimmt nicht nur ihm aufgefallen, weil er von Luta die Zusammenhänge wusste. Jakas Hass würde den Jungen sicher treffen, wenn er noch länger im Dorf lebte. Schon lange hatte Taro deshalb geplant Henek zu sich zu nehmen, um ihn später in die Geheimnisse des Clans einzuweihen. Nur dadurch konnte Heneks Leben gesichert werden. Er hatte ihn fragen wollen, ob er mit ihm in den Bergen wohnen wollte. Aber erst wenn er zu den Männern gehörte, die selbst über ihr Leben bestimmen konnten. Jetzt hätte Jaka es ihm sicher verboten und der Hass der beiden aufeinander wäre noch weiter gewachsen. Erfuhr Jaka zu früh von Taros Plan, dann war Heneks Leben in Gefahr. Er würde bestimmt nicht zulassen, dass Henek später einmal über die Geheimnisse des Clans wachte. Vielleicht wollte Henek ja auch gar nicht. Noch hatte er ihn nicht gefragt. Es war kein einfaches Leben. Auf sich allein gestellt, war Taro oft großen Gefahren ausgesetzt.

Taros Gedanken schweiften viele Jahre zurück. Auch er war damals als junger Mann in die Berge gegangen. Sobald er groß genug war. Aber sein Lehrer war alt und gebrechlich gewesen. Er konnte wenig später kaum noch die Felsenhöhle in den Bergen verlassen. Um das tägliche Überleben hatte Taro sich kümmern müssen. Umso eindringlichere Gespräche hatten sie geführt. Der alte Kandak hatte ihm nichts erspart. Immer wieder musste er die geheimnisvollen Rituale wiederholen, bis er sie im Schlaf wusste. Allein hatte er die weit verzweigten Gänge hinter der Höhle erkunden müssen, nur den in die Felsen eingeritzten Zeichen folgend. Taro erinnerte sich noch gut an die Ängste, die ihn begleitet hatten. Er hatte viel von Kandak gelernt. Anderes hatte er allein lernen müssen, als der Alte eines Morgens nicht mehr von seinem Felllager aufstand. Taro hatte Kandak, der nur noch aus Haut und Knochen zu bestehen schien, in einen Seiteneingang weit ins Innere des Berges geschleppt und riesige Steine vor die schmale Öffnung gerollt. Niemand sollte die Ruhe des Alten stören.

Taro wurde aus seinen Erinnerungen gerissen, als er Henek erblickte. Und wieder dachte er: Er sieht aus wie Ezuk, als der so alt war. Ezuk und Arun waren oft bei

ihm in den Bergen gewesen. Er hätte sich damals gut vorstellen können Ezuk zu seinem Nachfolger zu machen.
Doch nachdem Ezuk einen jungen Höhlenbären, das Totemtier des Clans, getötet hatte, ging das nicht mehr. Taro hatte sich damals sehr für Ezuk eingesetzt. Aber die meisten standen damals auf Jakas Seite. Taro hatte nur erreichen können, dass Ezuk nicht getötet wurde, sondern dass man ihn ohne Waffen und warme Kleidung ausgestoßen hatte. Zu ihm hatte Ezuk nicht kommen dürfen. Das war die Bedingung gewesen.
Ezuk hatte überlebt. Und der Hass Jakas auf ihn war noch größer geworden. Luta hatte Recht, wenn sie Ezuk so gut wie möglich auf den unausweichlichen Kampf mit Jaka vorbereiten wollte.
Taro stieg hinunter zu Henek, der bei den Pferden stand. Der wilde Hengst war fest angepflockt. Er versuchte immer wieder sich loszureißen. Henek stand ganz still in seiner Nähe, die Arme hatte er auf den Speer gestützt. Als er Taro hinter sich hörte, drehte er sich um. »Er leidet an seinen Fesseln.«
Taro setzte sich ins Gras und bedeutete Henek, dass er sich neben ihn setzen sollte. »Wer würde nicht darunter leiden, wenn man ihm die Freiheit nimmt«, sagte er nach einer Weile leise, um den wilden Hengst nicht zusätzlich zu beunruhigen. »Er wird ruhiger sein, wenn wir ihm die Stute bringen.«
»Taneas Stute?«, fragte Henek.
Taro lachte. »So einfach wird es nicht. Denke dir einen Plan aus, wie du eine Stute aus der Herde herausholst.«
»Ich weiß, was Tanea vorhat«, erwiderte Henek. »Sie will ein Fohlen fangen. Die Stute soll dann von allein kommen.

Aber ich möchte für mich einen Hengst fangen«, fügte er selbstbewusst hinzu. »Einen, den ich dann selbst reiten kann.«
Wieder lachte Taro. »Meine Knochen schmerzen heute noch. Es ist nicht leicht, sondern gefährlich, wilde Pferde zu fangen. Aber was willst du mit zwei wilden Hengsten, die du ständig beaufsichtigen musst? Taneas Plan ist besser. Den Hengst kannst du später immer noch bezwingen, wenn die anderen Tiere sich daran gewöhnt haben, hier zu leben. Mit uns hier zu leben.«
Henek warf den Kopf in den Nacken. Ihm gefiel es nicht, etwas zu tun, was andere sich ausgedacht hatten. Doch bevor er etwas sagen konnte, sagte Taro streng: »Das ist ein Auftrag, Henek. Der erste, den ich dir gebe. Wenn du weitere haben willst, dann erfülle ihn.«
Heneks Miene entspannte sich. »Ich werde ein Fohlen hierher bringen. Und wenn die Stute nicht freiwillig kommt, zwinge ich sie dazu. Gleich morgen.«
Taro lächelte ein wenig. »Du wirst dich noch etwas gedulden müssen, Henek. Ich will dir Fragen stellen, die wichtig sind. Und wenn du sie zu meiner Zufriedenheit beantworten kannst, wirst du mir in den Berg folgen und deinen Mut unter Beweis stellen müssen. Das Fohlen läuft dir nicht davon.«
Henek sah ihn verständnislos an. Aber Taro sagte nichts mehr. Er ging zurück zum Felsen und stieg in seine Höhle hinauf.
Henek folgte Taro zögernd.
Taro führte ihn durch den schmalen Spalt im hinteren Teil der Höhle und gab ihm eine Fackel aus fest zusammengedrehten, in Fett getränkten Gräsern in die Hand. An der kleinen Fettlampe entzündete auch Taro seine Fackel.

Der Qualm trieb Henek die Tränen in die Augen, aber als sie den niedrigen Gang hinter sich ließen, spürte er einen frischen Luftzug und der Rauch zog nach oben ab. Henek wunderte sich über die Größe der Höhle. Aber Taro blieb nicht stehen, sondern betrat einen der Nebengänge, die von der Höhle abzweigten. Er hielt die Fackel dicht an die Felswand, die im Schein des Feuers glänzte.
»Der Berg ist von diesen glänzenden Steinen durchzogen«, erklärte Taro. »Aber das ist es nicht, was ich dir zeigen will.«
Sie gingen lange in den Berg hinein. Henek sah, dass sich Taro an seltsamen Zeichen orientierte, die in den Felsen gekratzt waren. Dann kamen sie an eine Stelle, über die sich Henek so wunderte, dass er einen Schrei ausstieß. Im Schein der Fackeln sah er einen kleinen See, dessen Wasser bläulich schimmerte. Ohne zu zögern, stieg Taro in das eiskalte Wasser und durchschritt den See. Das Wasser reichte ihm bis zu den Hüften. Henek folgte ihm, ohne zu fragen. Er hätte gern gewusst, wieso es Wasser mitten im Berg gab. Wieder gingen sie einen engen Gang entlang. Manchmal mussten sie sich bücken. An anderen Stellen war der Gang so schmal, dass der Felsen die Haut an den Armen abschürfte. Henek sah, dass Taro oft hier gewesen sein musste, denn an einer Einbuchtung lagen ganze Bündel von Fackeln. Die niedergebrannten legte er sorgsam an eine Stelle, wo sich schon verbrannte Reste befanden. Henek seufzte erleichtert auf. Er hatte befürchtet den weiteren Weg in der Dunkelheit zurücklegen zu müssen.
»Wir sind bald da«, sagte Taro.
Tatsächlich erreichten sie wenig später eine neue Höhle.

Hier fiel Henek vor Schrecken die Fackel aus der Hand. Er stand einer riesigen Herde von Mammuten gegenüber, die aus der Felswand auf ihn zuzurasen schienen. Taro lachte. Er hob Heneks Fackel auf und gab sie ihm wieder in die Hand. Dann holte er aus einer Vertiefung im Felsen zwei Fettlampen und entzündete die Dochte an seiner Fackel.
»Das ist eines der Geheimnisse dieses Berges«, erklärte er. Seine Stimme klang anders als sonst. Dunkler und gewaltig. »Sieh es dir genau an, Henek. Hier versammelten sich die fünf besten Männer des Clans, wenn sie zum Großen Höhlenbären kamen und um Jagdglück flehten. Seit Urzeiten sind die Geister der Mammute, der Steinböcke, der Hirsche und all der anderen Jagdtiere auf diesen Felsen gebannt. Und wenn der Clan zu verhungern droht, erlaubt ihnen der Große Höhlenbär diese Höhle zu verlassen, um den Jägern die Beute entgegenzutreiben . . .«
Henek klammerte sich an den Arm Taros, der die Zeichnungen an den Wänden mit der Fettlampe beleuchtete und zum Leben zu erwecken schien. »Hast du Angst?«, fragte Taro.
»Ja«, antwortete Henek ehrlich. »Wir werden sie erzürnen, wenn wir sie aufwecken.«
Taro löste Heneks verkrampfte Finger von seinem Arm. »Um sie zum Leben zu erwecken, bedarf es bestimmter Rituale und Gebete. Du weißt doch, dass man den Geist der erbeuteten Jagdtiere mit einem Opfer versöhnt. Sie zürnen uns nicht.«
Durch die ruhigen Erklärungen Taros entspannte sich Henek. Seine Angst ließ nach. Er stellte viele Fragen, die Taro ihm geduldig beantwortete. Sie gingen an den

Wänden der Höhle entlang und blieben schließlich vor einer riesigen Darstellung des Großen Höhlenbären stehen. Hier bekam Henek erneut Angst. Seine Beine zitterten und seine Stimme versagte, als er fragte: »Ist das der Große Höhlenbär?«

Taro ließ ihm Zeit die Zeichnung an der Felswand zu betrachten. Dann strich er mit dem Zeigefinger auf den Linien der Darstellung entlang.

Langsam ließ bei Henek die Angst nach, der Große Höhlenbär könne plötzlich lebendig werden. Er wagte sogar, als Taro ihn dazu aufforderte, die Felswand zu betasten.

Taro wandte sich von den Zeichnungen ab. In der Mitte der Höhle stellte er die beiden Fettlampen auf den Boden und setzte sich daneben. Er forderte Henek auf, sich zu ihm zu setzen.

»Du hast deine Angst zugegeben«, sagte er nach einer Weile. »Das war ehrlich. Alle haben Angst, wenn sie die Höhle zum ersten Mal betreten, weil die Geister der Jagdtiere zu leben scheinen. Du weißt, welche Aufgabe ich für den Clan wahrnehme?«

»Ja. Du bist der Hüter der Geheimnisse und du kennst alle Rituale. Du kannst heilen und helfen, auch wenn niemand weiß, wie du das machst. Dir vertrauen alle, aber sie fürchten dich auch.«

»Fürchtest du mich oder vertraust du mir?«, fragte Taro.

»Ich habe keinen Grund dich zu fürchten. Du bist streng zu mir, aber ich habe Vertrauen. Du hast Gründe mich zu prüfen.«

»Welche Gründe?«

Henek überlegte nicht lange. »Du willst wissen, ob ich ein Mann werden kann am Ende dieses Sommers.«

»Auch das wollte ich wissen. Aber es ist mehr, was ich von dir fordern möchte.«
In der Stille der Felsenhöhle, von der die Geister der Tiere und des Großen Höhlenbären auf die zwei Menschen niederblickten, klangen Taros Worte wie eine Beschwörung: »Lange kamen keine Männer unseres Clans in diese Höhle. Die Jäger ziehen aus, um für das Überleben des Clans zu sorgen, ohne den Großen Höhlenbären angerufen zu haben, damit er ihnen wohlwollend zur Seite steht. Von den fünf besten Männern lebt keiner mehr. Und niemand wagt das Innere des Berges zu betreten. Ich weiß, wer die Männer getötet hat, einen nach dem anderen. Und ich weiß auch, wer auch mir nach dem Leben trachtet. Ich suche einen, der meine Aufgaben übernimmt, wenn ich . . .«
»Wer trachtet dir nach dem Leben?«, fragte Henek tonlos, obwohl er die Antwort ahnte.
»Der, der dich am meisten hasst. Der, den du am meisten hasst.«
»Jaka?«
Taro nickte. Der flackernde Lichtschein warf seinen Schatten übergroß an die Wand, von der der Große Höhlenbär herabzusteigen schien. »Bist du bereit bei mir zu lernen?«
»Ja. Ich will es, wenn du mich lehrst, was ich wissen muss.«
Henek war es, als komme ein Traum über ihn. Er konnte sich nicht bewegen, sah nur in Taros Augen, die bis in die Tiefe seines Inneren zu sehen schienen. Traurige Augen waren es, dann auch wieder forschende. Ein Ausweichen war nicht möglich.

Nach unendlich langer Zeit wandte Taro seinen Blick ab und erhob sich. Henek taumelte, als er sich ebenfalls aufrappelte. Taro reichte ihm die Hand.
»Du wirst über alles, was du gehört und gesehen hast, schweigen. Niemand außer dir und mir wird erfahren, was der Geist des Großen Höhlenbären beschlossen hat, bis es so weit ist, dass es alle wissen sollen.«
»Ich werde schweigen«, versprach Henek ernst.
Taro entzündete zwei neue Fackeln an den Fettlampen und stellte diese zurück in die Nische in der Felswand. Dann gingen sie den Weg zurück, den sie gekommen waren. Taro zeigte Henek auch das geheime Zeichen, das ihn führen würde: einen Kreis, der durch einen waagrechten Strich geteilt war . . .

Keuchend unter ihrer schweren Last, kam Tanea bei Luta an. Sie warf das Bündel einfach zu Boden. Ihr Blick suchte Ezuk, der nicht auf seinen Fellen lag. Luta zeigte zum warmen See. Dort saß Ezuk am Ufer und hielt die Beine ins Wasser.
»Kann er wieder laufen?«, fragte Tanea aufgeregt. »Kann er ohne Krücken wieder laufen?«
»So schnell geht das nicht«, erwiderte Luta. »Ezuk braucht seine Krücken noch. Er muss jetzt sein Bein im heilenden Wasser baden. Es ist heute das erste Mal, dass er es tun kann.«
Tanea hörte gar nicht mehr hin. Sie lief zu Ezuk, zog die Füßlinge aus und setzte sich neben ihn. Auch ihr tat es gut, nach dem langen Marsch die Füße im warmen Wasser zu baden. Am liebsten hätte sie ein Bad genommen.
»Ezuk, du wirst bald wieder laufen können«, sprudelte

sie aufgeregt hervor. »Auch Taro ist ganz sicher. Wir haben einen Hengst gefangen. Taro will ihn für sich zähmen. Aus der Wildpferdherde hat ihn Taro geholt. Und Henek ist zu uns gekommen . . .«

Ezuk unterbrach sie. »Henek? Wie hat er uns gefunden?«

Tanea hörte die Sorge heraus.

»Den warmen See kannte Henek nicht. Er ist daran vorbeigelaufen. Aber unsere Pferde hat er erkannt. Er durfte mich auch nicht hierher begleiten. Das hat Taro ihm untersagt. Ich habe ihn rechtzeitig zu Taro zurückgeschickt . . .«

Unterdessen war Luta hinzugekommen. »Jaka hat ihn nicht geschickt«, meinte sie schließlich, als Tanea auch davon erzählte, was Henek sie hatte fragen wollen. »Was wirst du antworten?«, fragte Luta, obwohl sie die Antwort in Taneas Augen ablesen konnte. »Du weißt zu wenig von dem, was ein Mädchen wissen muss, um einem Mann an sein Feuer zu folgen. Es wäre keine gute Wahl für Henek.«

Lutas Blick traf sich mit dem von Ezuk, der das Gespräch mit wachsender innerer Erregung verfolgte. Sie gebot ihm zu schweigen.

Tanea wurde rot vor Verlegenheit. Dann sagte sie: »Ich werde lernen, was ich wissen muss. Henek soll sich nicht schämen müssen, weil ich so vieles nicht kann. Bitte, Luta, hilf mir. Ich werde auch geduldig sein.«

Luta lächelte wie eine Mutter zum Versprechen ihres Kindes. »Dann hol erst einmal das Fleisch aus deinem Bündel, damit wir eine kräftige Mahlzeit bekommen.«

Sie schaute Tanea nach, die in die Höhle zurückkehrte, um sich an die Arbeit zu machen. Dann blickte sie auf Ezuk, den es drängte, endlich zu reden. »Das war nicht vorauszusehen«, sagte sie. »Es wird Jaka noch mehr in Wut versetzen und den Hass gegen dich steigern. Aber du kannst es ihm nicht verbieten.«

»Das werde ich auch nicht!« Ezuk stützte sich auf die Handflächen, um sich besser aufrichten zu können. »Warum sollte ich verhindern, dass sich Tanea und Henek zusammentun? Jaka wird endlich begreifen müssen, wie stark ich noch bin. Und ich habe meinen Sohn auf meiner Seite.«

Luta ging nicht darauf ein. Sie sagte: »Für Tanea ist es die einzige Möglichkeit, nicht immer eine Fremde im Clan zu bleiben. Aber ich wusste nicht, wie nahe sich die beiden sind.«

»Ich möchte Henek sehen. Er muss erfahren . . .«

»Nichts wird er erfahren!«, sagte Luta energisch. »Warum willst du ihn mit deinem Wissen belasten und ihn dadurch in Gefahr bringen? Er hasst Jaka, weil der Wigu misshandelt. Jaka hasst Henek und Wigu, weil er längst die Zusammenhänge ahnt. Wenn er so klug ist zu schweigen, warum willst du voreilig sein?«

»Aber ich will Henek sehen«, beharrte Ezuk. »Ich werde schweigen, solange es nötig ist.«

Luta dachte lange nach, bevor sie zustimmte. »Lass ihn aber noch einige Zeit bei Taro. Der wird uns raten können, was zu tun ist.«

Bei allen Arbeiten, die ihr Luta auftrug, dachte Tanea an Henek. Sie bemühte sich sehr alles richtig zu machen, auch wenn es ihr schwer fiel und sie lieber umhergestreift wäre, um frische Kräuter und Wurzeln zu sammeln. Das tat Luta unterdessen und Tanea blieb im Talkessel, wo sie den Himmel nicht sehen konnte.

Aber auf diese Weise hatte sie viel Zeit, um sich um Ezuk zu kümmern und mit ihm zu reden. Sie war schon sehr geschickt, wenn sie ihm die Beinschiene aus hartem Leder abnahm und ihn stützte, damit er bis zum See gehen konnte. Dann setzte sie sich neben ihn, aber nicht, ohne eine Arbeit in den Händen zu haben. Luta hatte ihr das Flechten beigebracht. In den Stunden, die sie neben Ezuk saß, der seine Beine in das warme heilende Wasser hielt, übte sie, bis es ihr gelang, einen kleinen Korb fertig zu stellen, der den prüfenden Augen Lutas standhalten konnte. Dabei erzählte sie Ezuk, was sie bei Taro erlebt hatte. »Du hast mir nie gesagt, wie oft du früher bei Taro gewesen bist. Ich wusste auch nicht, dass er die Geheimnisse des Clans bewahrt.«

»Es war nicht wichtig für dich«, sagte Ezuk. »Ich wusste auch nicht, ob er mir zürnt, weil ich den Höhlenbären . . .« Ezuk sprach nicht weiter. Er versank in seine Erinnerungen.

Tanea störte ihn nicht. Sie ließ ihre Hände in den Schoß sinken und schaute auf die Wasserfläche, über der ein Nebelschleier lag. Früher hatte sie sich selten darüber Gedanken gemacht, was einmal sein würde, wenn sie erwachsen war. Jetzt stellte sie sich jedoch gern vor, mit Henek zusammenzuleben, Kinder zu haben wie Kirka und Jonk. Ein wenig Leid tat es ihr jedoch, wenn sie daran dachte, wie unmöglich es dann sein würde, so frei umherzustreifen wie bisher, zu jagen und Fallen aufzustellen. Aber das würde Henek dann tun. Und sie nahm sich vor auch künftig nicht ganz darauf zu verzichten. Die anderen Frauen würden ihre Gesellschaft sicher nicht suchen. Für sie werde ich immer eine Fremde bleiben, dachte sie. Und Jaka wird dann nicht nur Henek hassen, sondern auch mich. Luta hatte ihr gesagt, sie werde dafür sorgen, dass sie mit den Ritualen des Clans von den Frauen aufgenommen würde. Daran hatte Tanea überhaupt noch nicht gedacht. Sie erinnerte sich an den Tag, als sie bei den Pferdeleuten von zwei Frauen untersucht worden war. Ihre Hände waren derb und grob gewesen.

Wurde man nur durch die Rituale des Clans zur Frau? Was war, wenn die anderen sich weigerten ihr diese zukommen zu lassen? Blieb sie dann für immer ein Kind, eine Fremde? Durfte Henek sie an sein Feuer nehmen, wenn sie nicht durch die Rituale eine Frau geworden war? Ezuk wollte sie danach nicht fragen. Er war ein Mann.

Als ob Ezuk ihre Gedanken erraten hätte, sagte er: »Taro entscheidet, welche Knaben zu Männern werden. Er wird es Henek gestatten. Dann kann der Jakas Feuer verlassen.«

»Und wer bestimmt darüber, welche Mädchen zu den Frauen gehören?«

»Das beraten die Frauen gemeinsam. Sie hören auf den Rat von Luta und Taro. Befürchtest du, sie könnten es dir verwehren?«

Tanea schaute Ezuk nicht an, als sie leise antwortete: »Ich möchte sehr bald mit Henek zusammen ein Feuer haben.« Sie nahm ihre Arbeit wieder auf, doch Ezuk bat sie, ihn zu seinem Felllager zurückzubringen.

»Das warme Wasser macht müde«, sagte er lächelnd.

Tanea half ihm sich zu erheben, reichte ihm die Krücken und stützte ihn. Es war mühsam, den kurzen Weg zurückzulegen. Ezuk stöhnte unterdrückt, weil er große Schmer-

zen hatte. In solchen Augenblicken zweifelte Tanea daran, dass es richtig gewesen war, das Bein noch einmal zu brechen. Mit den Krücken und dem Hengst hätte er sich doch gut behelfen können. Selbst auf der Jagd musste er hinter den anderen nicht zurückstehen. Seine Arme warfen den Speer kräftig genug. Und mit dem Bogen und den Pfeilen war er so manchem überlegen. Die neue Art zu jagen hatte zudem schon einige Männer des Bärenclans überzeugt.
Sie bettete Ezuk behutsam auf seine Felle, dann hob sie das kranke Bein vorsichtig wieder in die harte Lederschiene. Plötzlich schrie Ezuk leise auf. »Schau, Tanea! Ich kann die Zehen bewegen! Schau!«
Tanea sah, wie Ezuk den großen Zeh des kranken Beines ein wenig auf und ab bog. Wie ein Wunder erschien es ihr. Sie strahlte vor Glück, als Luta mit einem Korb voller Wurzeln und Kräuter den schmalen Pfad herunterkam.
»Ezuk kann seinen großen Zeh bewegen.«
Lutas Augen leuchteten auf. »Dann ist es gelungen«, sagte sie. »Das ist ein gutes Zeichen. Sein Bein lebt wieder.«
Sie stellte ihren Korb ab und trat an Ezuks Lagerstatt. Dann winkte sie Tanea heran. »Gestern konnte Ezuk noch nichts spüren, wenn ich ihn mit dem spitzen Knochen in die Fußsohle stach. Versuche du es heute, Tanea.«
Unsicher nahm Tanea die spitze Knochenahle aus Lutas Hand. »Es wird ihm wehtun«, sagte sie.
Luta lachte. »Es soll ihm wehtun! Er soll es spüren!«
Ezuk spürte den Schmerz. Auch er war glücklich darüber. »Ich werde wieder auf beiden Beinen laufen«, sagte er. »Jetzt weiß ich es.«

Lutas Horn rief Taro. Angestrengt lauschte Tanea auf die

Antwort. Nach einiger Zeit hörte sie zweimal den dumpfen Ton. Taro würde kommen. Aber warum hatte er zweimal in das Horn geblasen? Ob es bedeutete, dass er Henek mitbringen würde? Tanea hielt die Ungewissheit kaum noch aus. Sie fragte Luta. Aber eine zufrieden stellende Antwort bekam sie nicht.
»Ich werde Taro entgegengehen«, sagte sie. »Er wird vielleicht viel zu tragen haben. Es wäre gut, wenn ich ihm dabei helfe.«
Ezuk lachte aus vollem Hals. So fröhlich hatte sie ihn schon lange nicht mehr gesehen. Auch Luta konnte ein Lächeln kaum unterdrücken.
Tanea war gekränkt. »Warum lacht ihr?«
»Geh Taro ein Stück entgegen, Tanea«, meinte Luta. »Aber er wird deine Hilfe beim Tragen vielleicht gar nicht brauchen.«
So schnell sie konnte, stieg Tanea den Talkessel hinauf. Sie konnte es kaum erwarten, wieder den Himmel zu sehen. Ihre Enttäuschung war jedoch groß, als der Himmel bewölkt war. Die Sonne war nicht zu sehen. Ein kalter Wind blies und ließ sie frösteln. Sie hatte nicht daran gedacht, dass es unten am See viel wärmer war.
Es verging noch eine ganze Weile, bevor sie Taro erblickte. Aber er war allein. Taneas Herz klopfte hart gegen die Brust. Sie hatte so gehofft, Henek wäre bei ihm. Trotzdem lief sie schneller. Er schleppte tatsächlich einen schweren Packen auf seinen Schultern. Aber er ließ es nicht zu, dass Tanea ihm half. »Was gibt es?«, fragte er. »Luta ruft mich nicht umsonst.«
Diese Frage verhinderte, dass Tanea sich nach Henek erkundigen konnte. Sie berichtete über die Fortschritte,

die Ezuk machte. »Er spürt es, wenn ich ihm in die Fußsohle steche. Er wird bald laufen können.«
Taro freute sich darüber. »Aber mit dem Laufen wird es noch eine Weile dauern. Und er wird etwas hinken.«
»Warum?«, fragte Tanea. Über ihr Gesicht huschte ein Schatten der Enttäuschung.
»Das Bein ist lange unbeweglich gewesen. Das hat dir doch auch Luta erklärt. Jetzt wird es nur ein bisschen kürzer sein. Sei zufrieden damit.«
»Ich bin zufrieden«, sagte Tanea.
Sie war froh, dass Taro und Luta Ezuk geholfen hatten. Ob Taro dafür seine Geheimnisse gebraucht hatte? Vielleicht hätte es Luta allein gar nicht zu Wege gebracht, Ezuk zu helfen. Sie schaute Taro schüchtern von der Seite an. Es war das erste Mal, dass sie mit ihm zusammen war, seit sie wusste, warum er so einsam in den Bergen wohnte. Sie traute sich aber nicht ihn danach zu fragen.
»Was ist?«, meinte Taro nach einer Weile, als Tanea schweigend neben ihm herlief. »Willst du nicht nach Henek fragen?«
Tanea wurde verlegen und spürte, wie ihr Gesicht heiß wurde. »Wo ist Henek?«, fragte sie. »Hast du ihn fortgeschickt?«
Taro lachte ihre Verlegenheit weg. Sein Lachen klang wie das von Ezuk. »Er passt auf die Pferde auf«, sagte Taro. »Ich denke, die Stute wird bald zu ihrem Fohlen kommen. Es hat Hunger.«
Aufgeregt wollte Tanea mehr wissen. »Wer hat das Fohlen aus der Herde gefangen? Du?«
Wieder lachte Taro. »Ich habe genug mit dem wilden Hengst zu tun. Das Fohlen hat Henek geholt. Du wolltest es doch.«

Tanea schaute ungläubig auf Taro. »Henek hat es für mich geholt?«
»Ich habe es ihm erlaubt. Es war die Belohnung dafür, dass er sehr mutig war. Er wird zu den Männern gehören, wenn der Sommer vorbei ist.«
Sie begannen den Abstieg zur Höhle. Tanea ging hinter Taro auf dem schmalen Pfad. Sie war froh ihren Gedanken nachhängen zu können.

Die wilde Stute ließ ihr Fohlen nicht lange allein. Henek sah, wie sie sich zögernd näherte und dann an dem Riemen zerrte, der das Fohlen am Pflock festhielt. Als das nichts nützte, säugte sie das hungrige Kleine. Aber immer wieder schaute sie sich ängstlich um und wieherte laut.
Auch der wilde Hengst wurde immer unruhiger. Er schlug aus und antwortete zornig auf das Wiehern der Stute. Die ging ein paar Schritte auf den Hengst zu, hielt sich aber in gebührendem Abstand. Das Fohlen forderte auch bald wieder ihre ganze Aufmerksamkeit.
Henek verhielt sich ganz still. Er saß hinter einem Steinbrocken und beobachtete die Tiere. Von Taro wusste er, wie viel Geduld es erfordern würde, diese wilden Pferde zu zähmen. Erst ihre Nachkommen würden willig sein Lasten zu tragen und, ohne auszubrechen, Reiter auf ihren Rücken zu dulden.
Taro wusste das von Tanea. Sie hatte ihm vom Pferdeclan erzählt, wie sie dort ihre Herden hielten und nur ab und zu wilde Pferde einfingen, wenn ihre Herde zusammengeschrumpft war. »Ohne Tanea wäre ich nie auf den Gedanken gekommen, Pferde zu zähmen.«
Henek musste zugeben, auch ihm wäre so etwas nie in

den Sinn gekommen. Wie gut es war, wenn man voneinander lernen konnte. Leute vom Pferdeclan wussten viel mehr von Pferden, aber sie konnten kein Feuer machen. Auch das hatte er von Taro erfahren.
Die Zeit bei Taro schien ihm wichtiger als alles, was er vorher erlebt hatte. Wie hinter einer Felswand verschwand alles, was mit den Menschen am Großen Fluss zusammenhing. Nur Tanea blieb in seinen Gedanken. Ob Tanea dann auch zu ihm an sein Feuer kommen würde, wenn es nicht im Dorf am Großen Fluss entzündet wurde? Ob sie die Einsamkeit der Berge ertragen würde? Während Henek die Pferde im Auge behielt, überfiel ihn die Angst, ob er all dem gewachsen sein würde, was Taro ihm abforderte.

Ezuk und Taro saßen lange zusammen. Ihre Gesichter waren ernst. Nicht einmal Luta störte die beiden Männer. Taro hatte Ezuks Bein noch einmal genau untersucht. Er schien zufrieden zu sein. Er half Ezuk, im warmen See zu baden, indem er ihn auf seinem breiten Rücken tiefer ins Wasser schleppte.
Das Bein konnte es also nicht sein, was ihre Mienen so sorgenvoll machte.
Tanea saß mit Luta vor der Höhle und bemühte sich, mit der spitzen Knochenahle Löcher in das Leder zu stechen. Diese langweilige Arbeit hatte ihr Kirka schon einmal gezeigt, aber da war Tanea nach kurzer Zeit aufgesprungen und hatte alles hingeworfen. Bei Luta wagte sie das nicht. Außerdem wollte sie jetzt lernen, wie man zwei Lederstücke miteinander verbindet, um daraus etwas zu nähen. Für Henek. Wer sollte ihm sonst später einmal seine Kleidung anfertigen? Wie schon so oft in

den letzten Tagen weilten ihre Gedanken wieder einmal bei Henek. Von Taro wusste sie, dass Henek nicht an den Fluss zurückgekehrt war. Sie wünschte sich, er wäre bei ihr.

»Ob Henek mit den Pferden zurechtkommt?«, fragte sie. Luta schaute zu den beiden Männern, die am Ufer des warmen Sees saßen und immer noch miteinander redeten. Sie antwortete Tanea mit einer Gegenfrage: »Meinst du, er braucht Hilfe?«

Tanea sah, dass Luta sie durchschaut hatte. Wie so oft in letzter Zeit stieg ihr die Röte ins Gesicht. Sie konnte nicht verhindern, dass es immer dann geschah, wenn es um Henek ging. »Vielleicht kommt die Stute zu ihrem Fohlen«, sagte sie. »Er weiß dann nicht, was er machen soll . . .«

Luta gab nicht zu erkennen, was sie dachte. Sie zog dünne Lederstreifen durch die Löcher, die Tanea in das weiche Leder gestochen hatte. »Du wirst bald einen neuen Kittel brauchen«, lenkte sie ab. »Wir werden einen für dich machen. Dieser ist dir zu eng.« Sie streifte mit ihren Augen Taneas Brust, die sich deutlich unter dem Lederkittel abzeichnete. »Ich werde dir auch zeigen, wie man ein Kleid verzieren kann.«

Tanea ließ sich ablenken. Seit sie bei den Flussleuten lebte, hatte sie bemerkt, wie einfach ihre Kleidung, verglichen mit der der Frauen des Clans, war. Auch die Frauen der Pferdeleute trugen schöne Kittel und darunter lange Beinlinge, die waren praktisch zum Reiten. Tanea erinnerte sich plötzlich an das Bündel, das sie aus ihrem Tal mitgenommen hatte. Als sie beim Clan am Großen Fluss angekommen waren, hatte sie dieses Bündel hinter ihren Schlafplatz gelegt, es aber nicht geöffnet.

Es waren all die Dinge darin, die ihr wichtig waren, darunter auch die Abschiedsgeschenke der Pferdeleute dafür, dass sie ihnen das Geheimnis des Feuermachens gegeben hatte. Die schön verzierte Lederkleidung hatte sie noch nie getragen. Auch nicht das Halsband, das ihr Mognu mit den Worten übergeben hatte: »Ich habe dir den besten Wunsch hineingeflochten, den man einer Frau mitgeben kann. Die Zuneigung des Mannes, mit dem du dein Lager teilen wirst.«

Sie erzählte Luta davon. »Mognu ist eine kluge Frau«, meinte sie nachdenklich. »Es ist schrecklich, den Mann zu hassen, der eine Frau gezwungen hat sein Feuer zu hüten.«

»Ich würde mich nicht zwingen lassen!«, sagte Tanea empört.

Dazu lächelte Luta nachsichtig. »Deine Mutter würde dir jetzt viele Ratschläge geben, wenn sie noch leben würde. Wirst du sie auch von mir annehmen? Ich liebe dich wie eine eigene Tochter. Auch wenn ich dich manchmal schelte und streng mit dir bin.«

Tanea warf ihre Arbeit beiseite und schlang ihre Arme um Lutas Hals. Es tat ihr gut, Luta so nahe zu sein. »Ich werde deinen Rat befolgen, Luta«, flüsterte sie leise. »Ich brauche ihn auch. Noch nie waren meine Gedanken so durcheinander wie jetzt . . .«

Tanea spürte, wie Lutas Arm ihren Körper umfing, und sie bettete ihren Kopf an Lutas Brust. »Manchmal werde ich nicht bei dir sein, Kind, wenn du mich etwas fragen willst. Aber du solltest wissen, dass du mit allen Sorgen immer zu mir kommen kannst.«

Dann versuchte sie Tanea behutsam zu erklären, was sie auch einer eigenen Tochter gesagt hätte, die bald einem Mann an sein Feuer folgen würde. Tanea lauschte wie gebannt. »Aber du musst erst mit den anderen Mädchen, die ebenso wie die Knaben in diesem Herbst ihre Weihen erfahren, zur Frau werden. Ich habe versucht dir das zu sagen, was Mütter ihren Töchtern in vielen Jahren immer wiederholen, bis sie es sich gemerkt haben. Hast du alles verstanden, Tanea?«, fragte Luta eindringlich.

»Nicht alles«, gab Tanea zu. »Mognu hat mir auch vieles erzählt. Gibt es die Große Erdmutter auch beim Bärenclan? Wie kommt sie von dort bis hierher? Und ist sie auch dort gewesen, wo meine Mutter mich geboren hat, bei den Wolfsleuten?«

»Wir nennen sie die Mutter aller Menschen«, sagte Luta. »Ich denke, es gibt nur die eine, aber sie hat viele Namen. Sie ist immer da, aber niemand hat sie je gesehen. Vielleicht ist sie einmal eine Bärenmutter, ein andermal wieder eine Wölfin . . .«

»Meine Wölfin?«, unterbrach Tanea sie aufgeregt.

»Vielleicht.« Luta konnte Tanea diese Frage nicht beantworten. Sie dachte: Wenn Taro es erlaubt, werde ich Tanea mit in die Höhle der Menschenmutter nehmen. Tanea ist weit über ihr Alter hinaus erwachsen geworden. Sie soll von mir erfahren, was eine Frau, die heilen kann, wissen muss. Ich danke der Großen Menschenmutter, dass Tanea bei uns bleiben darf. Sie wird keine Fremde mehr sein.

Trotzdem überkam sie eine dunkle Ahnung von drohender Gefahr. Sie wusste, wie wehrlos sie solchen Gefühlen ausgesetzt war. War es der Gedanke, Henek könnte sich vor der Zeit nehmen, was erst sein Recht wurde, wenn Tanea sein Feuer hüten würde? Ezuk hat auch nicht gewartet. Jaka

zwang Wigu dann an sein Feuer. Das darf sich nicht wiederholen. Aber wie sollte sie es verhindern?
Sie stand auf und ging in den hinteren Teil der Höhle, wo sie ihre Heilmittel aufbewahrte. Die Hände fanden trotz der Dunkelheit bald, was sie suchten. In einem kleinen ledernen Beutel bewahrte Luta getrocknete Samen und Kräuter auf. Langsam ließ sie die Körner auf ihre Handfläche fallen und roch daran. Zufrieden nickte sie. Davon muss Tanea künftig jeden Tag einige zerkauen. Das wird ihr Wigus Schicksal ersparen.
Aber sie darf nicht wissen, weshalb sie diese Medizin nehmen muss. Sie wäre im Stande sie nicht zu nehmen. Es ist eines der Geheimnisse, die sie jetzt noch nicht erfahren darf. Noch nicht. Und nur wenige Frauen bekommen von mir diese Medizin. Wigu ist eine von ihnen, seit sie Jakas Lager teilen muss.

Die Erlaubnis Taros, zu Henek zurückzukehren, machte Tanea überglücklich. Am liebsten wäre sie sofort aufgebrochen. Aber Luta hielt sie zurück. Sie schärfte ihr ein jeden Morgen von den Kräutern und Körnern aus dem Beutel zu kauen. »Du musst es tun, Tanea. Wenn du es auch nur einmal vergisst, wirst du nicht unter den Frauen aufgenommen. Du musst dann ein ganzes Jahr warten . . .«
Die bitteren Kräuter schmeckten Tanea nicht. »Müssen das alle Mädchen essen?«, fragte sie und verzog das Gesicht.
Luta schämte sich ihrer kleinen Lüge nicht. Sie war notwendig. »Ja, alle Mädchen. Und es wird offenbar, wenn du es nur einmal versäumst. Du könntest dann nicht mit Henek das Feuer anzünden.«

Tanea erschrak zutiefst. Sie würde es niemals vergessen. In den Tagen, seitdem sie von Henek getrennt war, wurde sie sich erst richtig bewusst, wie sehr sie ihm zugetan war. Sich vorzustellen, er würde in dem einen Jahr, das sie warten müsste, ein anderes Mädchen zu sich nehmen, war schrecklich. Sie steckte den kleinen Lederbeutel zu dem, was sie zu Henek in die Berge mitnehmen wollte. Viel war es nicht und so kam sie schnell voran.

Der Himmel war blau und wolkenlos. Ein kalter Wind blies ihr ins Gesicht, als sie den Talkessel mit dem warmen See verließ. Sie zog den kurzen Umhang fester um sich, aber da sie nur Füßlinge trug, die die Beine nicht bedeckten, fror sie bald. Hier hätten die Pferde kein Futter gefunden wie im geschützten Tal bei Taro. Nur wenig wuchs zwischen den Steinen und dem Geröll, das den Tieren geschmeckt hätte. Sie stellte sich vor, wie hart der Winter hier oben sein musste. Ob Taro dann bei seinen Leuten am Fluss lebte? Sie konnte ihren Gedanken nicht weiter nachhängen, weil sie in der Ferne ihren Wolf zu sehen glaubte. Sie stieß den Pfiff aus, der nur ihm galt. Dann blieb sie stehen und wartete. Ihr Herz klopfte vor Freude, als der Wolf sich tatsächlich näherte und das letzte Stück bis zu ihr in vollem Lauf zurücklegte. Hechelnd blieb er vor ihr stehen.

»Wolf«, lockte Tanea und streckte ihre Hand aus. »Wolf! Wo warst du denn so lange?« Sie griff ihm ins Fell und spürte seine Wärme. »Lass mich nicht mehr so lange allein«, sagte sie und schmiegte ihren Körper an den des Tieres. »Komm, wir gehen zu Henek!«

Es war schön, nicht allein zu sein auf dem weiten Weg über den Pass. Tanea konnte ihren Gedanken nachhängen. Alles hatte sich für sie zum Besten gewendet. Ezuk wurde wieder gesund und eine bessere Betreuung als die von Luta konnte er gar nicht bekommen. Es war, als hätte Luta ihr damit eine Last von den Schultern genommen, sodass sie wieder sie selbst werden konnte, ohne Schuldgefühle.

Sie atmete tief die klare Luft ein. Über ihr kreiste der Adler, den sie schon am ersten Tag gesehen hatte, als Taro sie in die Berge mitgenommen hatte. Tanea kannte den Weg durch diese Felsen und sie wusste, dass dahinter so vieles war, was sie liebte: die sanft abfallenden Wiesen, das Tal, in dem die wilden Pferde grasten, Taros Höhle in der Felswand und Henek. Sie beschleunigte ihren Schritt, um so schnell wie möglich zu ihm zu kommen. Der Wolf schien ihre Ungeduld zu spüren. In weiten Kreisen umrundete er sie.

Endlich durchschritt Tanea den engen Pass. Sie wartete aufgeregt auf den Augenblick, wo sie hinaustreten konnte. Atemlos vom schnellen Laufen kam sie bei Henek an, der sie anstarrte wie eine Geistererscheinung.

»Henek! Ich bin es! Henek!«

Da endlich begriff er, dass Tanea tatsächlich vor ihm stand. Er riss sie in seine Arme und presste sie an sich, als wolle er sie nie wieder loslassen. Tanea vergaß alles, was Luta ihr gesagt hatte. Ihr war zu Mute, als würde sie im Wasser des warmen Sees wie von einem Strudel hinuntergerissen, immer wieder hinunter und dann wieder emporgetragen. Unendlich weit weg von allem, was jemals in ihren Gedanken gewesen war. Tief atmend lag sie neben Henek im Gras und tauchte langsam wieder in die Gegenwart auf. Seine Augen waren nahe über ihrem Gesicht. Es war ihr, als sehe sie in Ezuks Augen. Nur jünger waren sie, viel jünger.

Seine Hand streichelte sanft ihren Körper. Es war schön, seine Hand auf ihrer Haut zu spüren. Wieder hatte sie das Gefühl, sie würde in den Strudel des warmen Sees gezogen. Unendlich sanft.
Sie überließ sich gern diesem neuen Gefühl, das mit Heneks körperlicher Nähe zu ihr gekommen war. Wie ein wunderbarer Traum war es. Und sie wünschte, er würde nie enden.

Das wilde Fohlen ließ Tanea bald näher kommen. Wenn die Stute herantrabte, entfernte sich Tanea, aber sie ließ immer ein Büschel besonders würziger Kräuter zurück, die von der Stute nie verschmäht wurden. Taneas Geruch hatte sich auf das Fohlen übertragen. Immer länger blieb das Muttertier, scheute auch kaum noch zurück, wenn Tanea immer ein bisschen näher kam.
Taro, der jetzt wieder bei Tanea und Henek war, staunte darüber. Er hatte bei der Zähmung des Hengstes aus der Wildpferdherde nicht so viel Glück. Der Hengst schnaubte, bis er Schaum vor dem Maul hatte, und schlug aus, wenn sich jemand näherte. Aber es musste etwas geschehen, denn das Gras, das er erreichen konnte, war abgeweidet. Tanea stellte jeden Tag einen großen Weidenkorb, der mit Ton und zusätzlich mit einem Stück Leder abgedichtet war, voll mit Wasser in seine Nähe, wie sie es auch bei dem Fohlen tat. Die Tiere soffen gierig, denn sie konnten nicht wie Taneas Pferde zur Quelle laufen und dort ihren Durst stillen.
Taro und Henek zogen jetzt oft gleich morgens aus, um zu jagen. Tanea nutzte die Zeit, um sich mit den wilden Pferden anzufreunden. Die Stute blieb nun auch nachts manchmal bei dem Fohlen. Ab und zu lief sie zu der

Herde, die weit unten am Hang ihr Futter suchte, kam aber bald wieder zurück. Tanea konnte ohne Schwierigkeiten den Riemen vom Pflock lösen, um das Fohlen an eine andere Stelle zu führen. Die Stute gewöhnte sich auch daran.

Dem Hengst warf sie jetzt Grünfutter hin, damit er nicht hungern musste. Aber immer noch schnaubte und bockte er, sodass sie sich nicht nahe an ihn heranwagte. Das Fohlen erlöste sie von seinen Fesseln. Sie nahm ihm einfach den Riemen ab. Es lief nicht mit seiner Mutter davon, sondern ließ sich von Tanea streicheln.

Von ihren Erfolgen erzählte Tanea weder Taro noch Henek. Erst als es ihr gelang, auch die Stute zu berühren, ohne dass diese zurückscheute, zeigte sie den beiden, was sie zu Stande gebracht hatte. Henek war stolz auf Tanea.

»Jetzt werde ich mir auch einen Hengst aus der Herde holen«, sagte er eines Abends, als sie am Feuer saßen.

Taro nickte. »Ich werde dir helfen. Morgen schon.«

Auch Tanea bot ihre Hilfe an. Aber das lehnten beide ab.

»Du musst hier bei den Pferden bleiben. Es ist nicht sicher, wie sich die gefangenen Wildpferde verhalten, wenn ein neues Tier hinzukommt.«

Tanea schaute in Heneks Augen. Er wollte dieses Abenteuer allein bestehen. Sie dachte daran, mit welchen schlimmen Hautabschürfungen Taro seinen Hengst eingefangen hatte, und sie nahm sich vor gleich heilende Kräuter zu sammeln, mit denen sie Henek behandeln konnte. Ihre Gefühle für Henek waren noch tiefer geworden. Sie konnte sich gar nicht mehr vorstellen, wie es je ohne ihn war. Umso mehr freute sie sich, dass er sich ein Pferd aus der Herde holen wollte. Das würde ihn noch lange hier in den Bergen festhalten.

Tanea vergaß keinen Morgen von den getrockneten Kräutern und Samen zu kauen, die ihr Luta gegeben hatte. Einmal hatte Henek sie dabei beobachtet und nach dem Nutzen dieser Medizin gefragt. Sie hatte ihm nicht darauf antworten wollen. Sie dachte an Lutas Erklärungen und schwieg.

Sie war nun schon lange nicht mehr bei Luta und Ezuk am warmen See gewesen. Sie erfuhr von Taro, welche Fortschritte Ezuk machte.

»Bald wird er ohne die Krücken laufen können. Es wäre gut, wenn er den Rest des Sommers noch hier verbringen könnte.«

Dass sie noch so lange hier in den Bergen bleiben würden, hatte Tanea nie zu hoffen gewagt. Ihr Herz schlug schneller vor Freude. Alle Menschen, die sie liebte, wären dann hier.

Aber Taro hatte ihre Freude gedämpft: »Noch ist es nicht so weit, Tanea. Ezuk braucht noch das heilende Wasser des Sees. Seine Knochen müssen erst richtig heilen, bevor er den weiten Weg hierher wagen kann.«

Taneas Gedanken wanderten immer wieder zu Henek und Taro. Würde es ihnen gelingen, noch einmal ein Pferd aus der Wildpferdherde zu holen? Sie hatte ein großes Bündel Gräser und Kräuter gepflückt und in einem Korb zusammengepresst, um sie dem Hengst zu bringen, der seine Ohren spitz aufstellte und wieherte, als sie in seine Nähe kam. Wie immer redete Tanea beruhigend auf ihn ein.

»Bald werden noch mehr Pferde aus deiner Herde bei uns sein«, sagte sie. »Henek wird auch ein Pferd für sich mitbringen. Und dann können wir mit einer ganzen Herde zu den Leuten am Großen Fluss zurückkeh-

ren, noch bevor es Winter geworden ist. Dort gibt es viel Futter für Pferde und Durst wirst du nie mehr haben . . .«
Sie war dem Tier wohl etwas näher gekommen als all die Tage zuvor. Deshalb erschrak sie sehr, als der Hengst herangeprescht kam und ihr den Korb aus den Armen stieß. Er beachtete sie jedoch kaum, sondern machte sich über das Futter her.
»Hengst«, sagte Tanea. »Du hast dich ja schon an mich gewöhnt!«
Tapfer ging sie ganz nahe zu ihm heran, ohne ihn jedoch zu berühren. Als er den Futtervorrat aufgefressen hatte, nahm sie ihm den Korb einfach wieder weg. »Ich hole mehr«, sagte sie. »Und bald wirst du dir dein Futter selbst suchen können.«
Glücklich schaute sie sich um. Die sanften Wiesen, ringsum die Berge, hinter denen sich noch höhere auftürmten, der klare blaue Himmel über ihr. Hier möchte ich bleiben, dachte sie. Mit Henek und Ezuk, mit Taro und Luta. Und mit den Pferden. Ich brauche den Fluss nicht. Und ich brauche auch die Leute nicht, die dort leben.
Abends kamen Henek und Taro zurück. Sie hatten keinen Erfolg gehabt. Aber Henek ließ sich nicht entmutigen. »Ich weiß, welches Tier ich fangen will: Das und kein anderes. Ich werde Geduld haben.«
Er schaute Tanea an und sie hatte das Gefühl, in seinen Augen zu versinken. Sie zwang sich ihren Blick abzuwenden.
»Du wirst dir dein Pferd holen«, sagte sie zu Henek. »Da bin ich ganz sicher.« Und dann erzählte sie, wie nah der wilde Hengst sie hatte herankommen lassen.
»Ich werde heute Nacht bei ihm draußen bleiben«, sagte

Taro unvermittelt. »Er muss sich auch an mich gewöhnen.«
Diese Nacht schlief Henek nicht auf seinem eigenen Lager. Tanea genoss seine Nähe, die Wärme von Heneks Körper neben sich. Sie schlief fest, als Henek bei Sonnenaufgang wegging, um seinen Hengst aus der Wildpferdherde zu holen. Er ging allein.

Diesmal schickte Taro Tanea mit Henek zusammen zum warmen See. Ungläubig über die Erlaubnis, ihm den Weg dahin zeigen zu dürfen, fragte Tanea: »Was wird Ezuk dazu sagen? Und Luta?«
»Ezuk will es«, war die knappe Antwort.
Henek war ebenfalls überrascht. Er wäre jetzt lieber in Taros Höhle geblieben. Es war ihm gelungen, sein Pferd zu fangen. Das war nicht einfach gewesen. Aber das Eingewöhnen schien dem Tier leichter zu fallen als Taros Hengst. Tanea war stolz darauf, dass Henek es ohne Hilfe geschafft hatte, das Pferd für sich zu fangen.
Auf dem Weg zu Ezuk und Luta war Henek merkwürdig still und nachdenklich. »Was ist?«, fragte Tanea. »Du weißt von einem Geheimnis, das nur wenige kennen. Freust du dich nicht darüber?«
Sie machten ein wenig Rast und legten die schweren Bündel ab.
»Ich freue mich darüber, Tanea«, antwortete Henek ernst. »In diesem Sommer habe ich mehr erlebt als in allen Sommern vorher. Aber wir müssen uns auch bald trennen. Ich muss zurück zu meinem Clan, weil ich vorbereitet werde für die Rituale, die mich zu einem Mann werden lassen. Bevor der Winter kommt, wird es so weit sein.«

»Aber das ist doch etwas Schönes!« Tanea verstand nicht, warum Henek sich nicht darüber freute. »Wenn Ezuk wieder laufen kann, werden wir auch zum Großen Fluss zurückkehren. Und dann . . .«
Henek legte Tanea seine Hand auf den Arm. »Sprich nicht weiter, ich muss dir etwas sagen. Taro gab mir die Erlaubnis, dich in seine Pläne einzuweihen, soweit es dein Leben betrifft. Ich werde im nächsten Frühjahr zu ihm in die Berge ziehen, um dort von ihm zu lernen.«
Tanea ließ ihn nicht weiterreden. »Und mich nimmst du mit? Ich muss nicht bei den Flussleuten bleiben?«
Erleichtert zog Henek das Mädchen an sich. »Ich möchte mich nie mehr von dir trennen. Wir werden einen neuen Clan haben, den der Bergmenschen. Und ich werde von Taro lernen, wie ein Mann aus den Bergen leben und handeln muss.«
Tanea lachte. »Und von wem soll ich lernen, was eine Frau der Bergmenschen wissen muss? Luta konnte mir doch nicht einmal beibringen, was eine Flussfrau alles kann.«
Sie lachten noch, als sie den Talkessel erreichten und in die Tiefe zum warmen See hinunterstiegen. Tanea war froh, als sie endlich ankamen und Luta ihnen entgegeneilte, um ihr das schwere Bündel abzunehmen. Tanea lief sofort zu Ezuk, der auf einem Stein am Ufer des warmen Sees saß. Als er aufstand und ihr ein paar Schritte ohne seine Krücken entgegenkam, jubelte sie vor Freude. »Ezuk! Du kannst wieder laufen! Ohne Krücken?«
»Ohne Krücken«, sagte Ezuk bewegt. »Es geht jeden Tag ein wenig besser. Du hast Henek mitgebracht?«
»Ja«, sagte Tanea. Ihre Augen strahlten und sie wunderte

sich, warum auch Ezuk sich so freute. »Er wird mich an sein Feuer nehmen. Und wir werden . . .«
Aber Ezuk hörte ihr schon nicht mehr zu. Er schaute dorthin, wo Henek mit Luta stand. Erst da fiel Tanea die große Ähnlichkeit zwischen den beiden auf. Verwirrt verstummte sie.
»Geh jetzt zu Luta«, sagte Ezuk leise. »Und schicke Henek zu mir. Ich muss mit ihm reden.«

Die letzten Sommertage verbrachten Luta und Ezuk bei Taro in den Bergen. Tanea staunte, wie gut Ezuk schon wieder laufen konnte. Die Behinderung durch das etwas kürzere Bein war ihm kaum anzumerken. Er war oft mit Taro bei den Pferden und manchmal ritten sie auch gemeinsam weg, um zu jagen. Taro musste noch Taneas Stute nehmen, da sein wilder Hengst ebenso wenig einen Reiter auf dem Rücken duldete wie der von Henek. Aber beide hatten sich bereits so weit an die Menschen gewöhnt, dass sie nicht mehr angepflockt werden mussten. Tanea wusste inzwischen, dass ihre Stute wieder ein Fohlen bekommen würde. Darüber freute sie sich sehr.
Sie hätte es gern Henek erzählt, aber der war weit weg bei den Flussleuten, bei dem Bärenclan, mit dem sie am liebsten nichts mehr zu tun haben wollte. Henek würde der Mann aus den Bergen sein, so wie jetzt Taro.
Luta fragte sie eindringlich, ob sich Henek schon ein Recht genommen hatte, das ihm noch nicht zustand.
»Aber es ist wunderbar«, verteidigte Tanea sich und Henek. »So ein Gefühl habe ich vorher nie gekannt. Es ist, als ob ich in eine warme Tiefe versinke, aus der ich nicht mehr auftauchen möchte.«

Luta nickte ernst. »Du hast aber nicht vergessen jeden Tag von den Kräutern und Samen zu kauen, die ich dir mitgegeben habe?«
Tanea dachte nach. Dann sagte sie: »Nein. Kein einziges Mal.«
»Das ist gut so.«
»Was bewirkt die Medizin, die du mir gegeben hast, Luta? Und warum sehen mich Heneks Augen an, als wären es Ezuks Augen?«
Luta schwieg lange. Sie hat es herausgefunden, dachte sie. Tanea musste Henek lieben, weil sie Ezuk liebt. Aber sie muss darüber schweigen, sonst ist sie genauso in Gefahr wie Ezuk und Henek. Sie haben miteinander gesprochen, Ezuk und Henek. Seitdem ist Ezuk ein glücklicher Mann, der nur noch auf den Tag wartet, an dem er sich mit Jaka messen kann, um dann auch Wigu an sein Feuer zu nehmen.
Schließlich sagte sie: »Auf die eine Frage weißt du längst eine Antwort, Kind. Die andere werde ich dir heute nur kurz beantworten: Du solltest das Leid nicht teilen, das Wigu hatte, als sie Jaka folgte. Später, wenn du mehr über alles erfahren hast, was eine Frau, die heilt, wissen muss, wirst du froh darüber sein, dass ich dir das erspart habe.«
Tanea sprang auf und warf die Lederriemen, die sie zu einem dicken Seil flocht, beiseite. »Bekommt man davon Kinder? Von diesem wunderbaren Gefühl, das einen durchströmt wie Feuer, das einem fast den Atem nimmt und wünschen lässt, es möge nie mehr aufhören? Ist es das, was du mir ersparen wolltest, Luta?«
Luta erhob sich und zog Tanea an ihre Brust. »Wusstest du das nicht, Tanea?«

»Nein. Ich wusste es nicht«, sagte sie leise. »Aber wenn ich es gewusst hätte, dann hätte ich deine Medizin nicht genommen.«

Tanea fing an zu weinen.

»Du hast noch das ganze Leben mit Henek vor dir«, sagte Luta tröstend. »Jetzt bist du weder ein Mädchen noch eine Frau.«

Nachdem Tanea an diesem Abend eingeschlafen war, sprach Luta noch lange mit Taro. Schließlich nickte Taro zustimmend.

Am nächsten Morgen sagte Luta: »Heute, Tanea, heute werden wir in die Höhle der Menschenmutter gehen. Und dort wirst du die Weihen einer Frau bekommen. Einer Frau, die lernen wird zu heilen.«

Taro entzündete eine Fackel aus fest zusammengedrehten Gräsern und schob Tanea und Luta vor sich in den schmalen Felsspalt im hinteren Teil der Höhle.

Tanea zitterte am ganzen Leib. Sie fürchtete sich vor den Geistern. Und manchmal hörte sie Furcht erregende Laute aus den Spalten im Felsen. Luta schob sie sanft weiter.

Hinter den beiden lief Taro mit der Fackel.

»Auch Henek ist mit mir den Weg durch den Berg gegangen«, sagte er. »Wenn auch aus einem anderen Grund. Dich, Tanea, führen wir in die Höhle der Menschenmutter, die Luta schon kennt. Weiter werden wir heute nicht gehen.«

Der Weg schien Tanea unendlich lang, als sie sich in dem nur spärlich von der Fackel erleuchteten Gang vorantasteten. Aber die Bemerkung, auch Henek sei diesen Weg schon gegangen, machte ihr Mut. Was hatte Henek gesehen? Warum hatte er ihr nichts davon erzählt?

Endlich mündete der Seitengang in eine kleine Höhle. Sie mussten sich bücken, um durch den niedrigen Eingang zu gelangen. Atemlos blieb Tanea stehen und drückte sich ängstlich an den scharfkantigen Felsen. Taro ging zielstrebig auf die gegenüberliegende Wand zu und entzündete eine weitere Fackel, was den Raum einigermaßen erhellte.
Die Höhle der Großen Mutter! Die Höhle der Menschenmutter! Tanea wagte kaum zu atmen. Im Schein der flackernden Fackeln sah sie, dass die Felswände von zahlreichen Kristalladern durchzogen waren. Luta entzündete an den Fackeln kleine Fettlampen. Sie stellte sie auf einer riesigen Steinplatte, die auf zwei großen runden Steinen lag, in einem Halbkreis auf. Taro löschte die Fackeln und trug sie aus der Höhle. Die Felswände schimmerten im Schein der Lampen. Taro trat am Eingang der Höhle neben Tanea und legte ihr beruhigend die Hand auf die Schulter. Sie war Taro dankbar für diese Geste.
Wie im Traum erlebte sie, was nun geschah: Luta stand hinter dem steinernen Altar. Ihr Haar schimmerte silbern wie die Kristalle im Felsen. Auch der Umhang aus weißem Fell, den Luta über den Schultern trug, schien zu leuchten. Sie stellte eine weiße Figur auf die Steinplatte und trat dann zur Seite. Tanea erschrak. Der Schatten dieser kaum mehr als eine Hand großen Figur erschien riesig auf der glitzernden Felsenwand. Tanea klammerte sich an Taros Arm, doch der schob sie nur sanft voran, bis sie vor der Steinplatte mit der weiß schimmernden Figur stand, die sich als riesiger Schatten über Tanea beugte und sie einzuhüllen schien.
Taros Stimme klang seltsam hohl und feierlich, als er

sagte: »Mutter aller Menschen! Wir bringen dir hier ein Mädchen, das dir dienen soll. Ihr Leben liegt in deiner Hand.«

Tanea wollte weglaufen, aber sie konnte ihren Blick nicht von der weißen Statue wenden. Sie brachte keinen Laut über ihre Lippen. Sie schloss die Augen und doch sah und hörte sie, was um sie herum vorging. War das Lutas Stimme? War es die Stimme der Menschenmutter?

»Dieses Mädchen, das den Namen ihrer Mutter trägt, soll der Menschenmutter dienen? Warum hat sie dann die Freuden einer Frau erlebt, noch bevor sie eine Frau wurde? Antworte, Tanea!«

Tanea wusste nicht genau, ob sie die Lippen bewegte und sprach oder ob sie alles nur in ihren Gedanken sagte.

»Große Menschenmutter, ich wusste nicht, dass ich es nicht durfte. Ich weiß so vieles nicht, was Frauen wissen. Und Luta hatte so wenig Zeit mir alles zu sagen und alles zu zeigen, was ich wissen muss. Ich weiß jetzt, dass ich warten muss, bis ich das Feuer mit Henek anzünden kann. Verzeih mir . . .«

»Du sollst der Menschenmutter dienen, Tanea. Willst du das?«

Wieder war sich Tanea nicht sicher, wer diese Worte zu ihr gesprochen hatte. War es Luta? Oder Taro? Oder sprach die Große Erdmutter zu ihr?

»Was soll ich tun?«, fragte Tanea und sie hörte nun ihre eigene heisere Stimme.

»Du sollst die Rituale lernen, die nötig sind, Mädchen zu Frauen zu machen. Du sollst lernen Frauen zu heilen und ihre Gebete zur Menschenmutter zu bringen. Du hast schon einmal dabei geholfen, ein Kind von seiner Mutter zu entbinden. Du wirst es noch oft tun müssen. Du hast einen Menschen, der schon auf das Floß gelegt werden sollte, das ihn zu den *Anderen* bringt, wieder ins Leben zurückgeholt. Du wirst es noch oft tun – mit meinem Willen. Willst du der Menschenmutter dienen?«

Tanea dachte an den eisigen Wintertag, als sie Kirka geholfen hatte ihren Sohn zu gebären. Sie dachte auch an den heißen Sommer, in dem Ezuk von der Höhlenbärin so schwer verletzt worden war, dass sie gefürchtet hatte, er müsse sterben.

»Ja«, sagte sie. »Ich will dir dienen, Große Menschenmutter. Lehre mich, was ich wissen muss.«

Tanea öffnete die Augen, weil sie spürte, dass ihr etwas in die Hände gelegt wurde. Warm war es, warm wie ein Mensch und glatt wie menschliche Haut. Sie hielt die Statue der Menschenmutter in ihren Händen. Hinter dem steinernen Altar stand Luta. Sie sah Tanea fest in die Augen.

»Du wirst lernen, was du wissen musst, Tanea. Wo immer du auch sein wirst, denke daran, was du der Menschenmutter geschworen hast. Du bist jetzt eine Frau geworden.«

Du bist jetzt eine Frau geworden! Tanea wiederholte diese Worte in Gedanken immer wieder. Du bist jetzt eine Frau geworden . . .

Luta reichte ihr einen Trank, der sie etwas benommen machte. Dann spürte sie einen kleinen Schmerz, als Taro ihr das Zeichen der Großen Menschenmutter auf ihr linkes Handgelenk ritzte. Es war das gleiche Zeichen, das auch Luta trug. Ein halber, bläulich schimmernder Mond. Für den, der nichts davon wusste, war er kaum sichtbar. Wäre dieses Zeichen nicht auf der Innenseite ihres Handgelenks, hätte Tanea wohl alles für einen Traum gehalten.

Noch bedeckte Schorf den kleinen Halbmond, aber bald würde der abfallen. Und dann konnte jeder sehen, dass sie eine Frau geworden war. Ohne die Rituale, die jedes Mädchen des Bärenclans über sich ergehen lassen musste. Sie war eine Dienerin der Großen Menschenmutter!
Tanea freute sich auf den Tag, an dem sie Henek endlich wieder sehen würde.

Als sie sich auf den Weg zurück zum Großen Fluss machten, blieb Taro mit den eingefangenen Wildpferden zurück. Er wollte später nachkommen, wenn er sicher war, dass ihre kleine Herde nicht mehr zu den anderen Wildpferden unten im Tal zurückgehen würde.
»Wenn es Zeit für die Rituale ist, komme ich zum Bärenclan an den Großen Fluss«, versprach Taro.
Luta hatte Taneas Stute wieder schwere Bündel aufgeladen. Tanea nahm ihr einen Teil wieder ab und zurrte ihn auf dem Rücken des Fohlens fest, das zu einem schönen Tier herangewachsen war.
»Sie hat wieder ein Kleines im Bauch«, sagte Tanea. »Und dieses Fohlen muss lernen, dass es nicht nur umherspringen darf.« Sie führte das junge Pferd selbst am Riemen, den sie hart anzog, wenn das Tier ausbrechen wollte.
Tanea bedauerte, dass sie nun wieder zurückmusste ins Dorf am Fluss. In den Bergen hatte sie ihre Freiheit gehabt. Das war nun wieder vorbei. Bald würde sie sich wieder ins Dorfleben einfügen müssen.

Luta ließ die Frauen des Bärenclans am Großen Fluss unmissverständlich wissen, dass Tanea einst ihre Nachfolgerin sein würde. »Die Große Menschenmutter

selbst hat ihr die Weihen einer Frau gegeben, einer Frau, die heilt.«
Kirka nickte bestätigend. Sie erzählte den anderen Frauen zum wiederholten Mal, wie Tanea ihr bei der Geburt ihres ersten Kindes beigestanden hatte, obwohl sie noch nichts davon wusste, wie ein Kind entbunden wird.
Immer neue Geschichten wurden erzählt: Wie Tanea Ezuk wieder zum Leben erweckte, wie sie den kleinen Wolf aufzog, dass sie bei der Schamanin der Pferdeleute so manchen Zauber gelernt hatte und jetzt sogar wilde Pferde zähmen konnte.
Das alles verschaffte Tanea zwar einiges Ansehen, ließ sie aber auch oft einsam sein. Frauen mieden sie scheu, selbst Sele, die sich sonst nicht gescheut hatte Tanea Arbeiten zuzuschieben, die sie selbst nicht gern tat, hielt sich zurück.
Luta bemerkte das wohl. Sie nahm Tanea zur Seite. »Es ist nicht gut, wenn du dich von den anderen Frauen absonderst und denkst, du müsstest die Arbeiten nicht lernen, die sie können. Deine Finger sind bei vielen Arbeiten noch sehr ungeschickt. Kannst du einen Kittel mit Muscheln oder Tierzähnen verzieren? Nein. Soll man von Henek sagen, die Frau, die sein Feuer hütet, könne nur aus Kräutern Tee bereiten und mit der Wurfschleuder kleine Tiere töten?«
Wütend biss sich Tanea auf die Lippen. Diesen Vorwurf wollte sie sich nicht noch einmal machen lassen. Was war, wenn andere auch so über sie sprachen und Henek davon hörte? Vielleicht nahm er dann eine andere Frau an sein Feuer, weil er sich ihrer schämte!
Sie sah Henek nur selten, und wenn, dann immer in Begleitung anderer. Jonk war viel mit denen unterwegs,

die noch vor diesem Winter zu den Männern gehören sollten. Darunter war auch Henek. Er war einer der tüchtigsten jungen Jäger. Sollte sie ihm da Schande bereiten?
Wenn sie auf den Flussauen nach Wurzeln grub, die für Mahlzeiten bestimmt waren oder für Medizin verwendet wurden, wünschte sie sich oft, Henek stünde plötzlich hinter ihr und würde sie in die Arme nehmen. Aber dann fiel ihr auch Lutas Verbot ein. Sie wollte die Menschenmutter nicht noch einmal erzürnen. Sie musste warten, bis das Feuer für sie und Henek in ihrer Höhle brennen würde. Aber eine große Sehnsucht ließ ihre Gedanken immer wieder zurückkehren zu der Zeit, als sie Heneks Zärtlichkeiten gespürt hatte. Die Zeit bis zum Anbruch des Winters schien ihr noch unendlich lange.
Tanea ging zum Fluss, wo Ezuk und Arun ihre Fischbeute ins Gras geworfen hatten. Tanea begann die Fische mit einem Stein zu töten, um sie dann auszunehmen und auf Weidenruten zu spießen. Sie sollten über schwefelndem Feuer geräuchert werden.
Ezuk lachte, als Tanea sich abmühte einen großen Fisch wieder einzufangen, der ihr entglitten war und nun dem Wasser zustrebte. Tanea warf sich über ihn. Jetzt musste auch Tanea lachen, als sie den glitschigen Fisch unter ihrem Bauch hervorholte und ihn endlich erschlagen konnte.
Ezuk stopfte Grasballen, die er in Talg gewalkt hatte, in ein Leck, das im Boot entstanden war. Es musste abgedichtet werden. Viel besser als die aus Weidenruten gefertigten und mit Häuten verkleideten leichten Boote waren die aus ganzen Stämmen, die durch Feuer ausge-

höhlt waren. Aber von denen besaß der Clan nur wenige.
Ezuk sah auf, als Tanea fragte: »Warum hasst Jaka dich so sehr? Was wirft er dir vor?«
Ezuk dachte lange nach, bevor er antwortete. »Ich war immer ein bisschen besser als er. Bei allem. Ich hatte mehr Erfolg auf der Jagd, ich konnte unter den Mädchen die wählen, die ich an mein Feuer nehmen wollte. Ich hatte es immer leichter als er.«
Ezuk machte eine Pause. Tanea wartete.
»Das ist alles lange her«, fuhr Ezuk fort. »Ich kann mich selbst kaum daran erinnern, weil ich damals nicht viel älter war als der Kleine von Jonk und Kirka. Luta erzählte, dass in einem kalten stürmischen Herbst der Große Fluss das ganze Land überschwemmt hatte. Von den Behausungen in der Nähe des Ufers blieb nichts mehr übrig. Die Fluten verschlangen nicht nur die Habe der Menschen, sondern rissen auch Menschen mit sich fort. Seit damals betten wir unsere Toten auf ein Floß und schicken sie auf dem Fluss zu den *Anderen*. Ja, damals kamen viele um. Auch die Mutter von Jaka und alle Männer, Frauen und Kinder dieses Feuers. Luta sagte, alle, die das Wüten des Wassers und des Sturms überlebt hatten, seien dann in die Höhlen am Hang gezogen, wo sie sich einrichteten. In dem Winter starben noch viele.«
Tanea spürte, dass Ezuk mit seinem Bericht von der großen Überschwemmung von ihrer Frage abweichen wollte. Aber sie war neugierig geworden. »Wer nahm Jaka an sein Feuer?«, fragte sie.
Wieder schwieg Ezuk eine Weile, bevor er weitersprach. »Ich weiß es auch nur von denen, die später darüber redeten. Jaka hatte niemanden mehr, der sich um ihn

kümmerte. Er bettelte sich durch bei denen, die selbst kaum etwas zu essen hatten. Von Feuer zu Feuer schickten sie ihn und warfen ihm manchmal ein paar Brocken zu. Was sie ihm nicht gaben, stahl er. Wenn er erwischt wurde, schlug man ihn und bewarf ihn mit Steinen. Das machte ihn hart und hasserfüllt.«

Tanea sah nicht mehr den Fluss, der träge dahinfloss. Sie sah auch Ezuk nicht mehr, der sich bemühte das Leck am Boot abzudichten. Sie sah einen kleinen Jungen, frierend und hungrig, der von Feuer zu Feuer lief und mit bösen Worten verjagt wurde. Wie wäre es ihr ergangen, wenn sie nicht ihre Mutter gehabt hätte, die sie schützte? Wenn Ezuk sie nicht bei sich behalten hätte, als ihre Mutter starb? Wer hätte ihr Nahrung und Kleidung gegeben? Musste ein Kind da nicht diejenigen hassen, die alles hatten und ihm nichts davon gaben?

Ezuk sah, wie Tanea mit den Tränen kämpfte. Er kannte ihr Mitleid mit all denen, denen Unrecht angetan wurde. Er wollte das nicht. Nicht für Jaka. Deshalb setzte er hinzu: »Jaka wurde vom Ehrgeiz aufgefressen. Er wollte Einfluss und Macht. Er versuchte anderen seinen Willen aufzuzwingen. Er beschuldigte Taro, er habe sich zum Hüter der Geheimnisse gemacht und sei nicht vom Großen Höhlenbären dazu berufen worden. Von den fünf Männern, die immer in den Bergen mit Taro über die Geschicke des Clans berieten und das Jagdglück heraufbeschworen, lebt keiner mehr. Rate mal, wer sie getötet hat. Einen nach dem anderen. Jetzt gibt es niemanden mehr, der in den Höhlen des Berges die Rituale mit Taro abhalten könnte. Niemand kann Jaka etwas beweisen, aber alle wissen es. Die einen fürchten ihn und tun alles, was er ihnen sagt, die anderen halten

sich fern von ihm. Der Clan ist gespalten. Weißt du nun, warum Jaka mich hasst? Ich bin zurückgekommen. Die Männer könnten fordern, dass unser Clan wieder vereint wird.«
Das Bild des Kindes, das bettelnd von einem Feuer zum anderen läuft, verschwand vor Taneas Augen. Sie wusste, Ezuk hatte nur deshalb zu ihr davon gesprochen, wie es zu diesem Hass gekommen war, weil sie eine Frau war, die in der Höhle der Menschenmutter geweiht worden war. Sonst hätte er nie diese unbewiesenen Vorwürfe gegen Jaka geäußert.
Ezuk hatte die Lust an seiner Arbeit verloren. Er warf die Grasbüschel in das an Land gezogene Boot und ging wortlos davon. Tanea sah ihm nach. Sie war froh, dass Ezuk wieder laufen konnte, auch wenn er das eine Bein etwas nachzog. Aber er war stark. Stark genug, um sich Jaka stellen zu können.
Sie widmete ihre Aufmerksamkeit wieder den Fischen, die sie ausnahm und auf Weidenruten spießte. Einen nach dem anderen. Als sie ihren Wolf erblickte, der nur zögernd näher kam, weil er Fische nicht mochte, wusch sie ihre Hände im Fluss und lockte ihn zu sich. Er war schon lange nicht mehr da gewesen. Sie grub ihre Hände in sein Fell.
»Wolf«, sagte sie leise und zärtlich. »Wolf, ich habe dich so lange nicht gesehen. Wo warst du denn?«
Sie schmiegte sich an sein Fell und dachte: Genauso würde ich Henek fragen. Auch ihn vermisse ich sehr.
Plötzlich fiel ein Schatten auf sie. Jaka stand vor ihr. Der Wolf knurrte und zeigte seine mächtigen Zähne. Erschrocken sprang Tanea auf. Da lachte Jaka höhnisch, drehte sich um und ging wieder weg.

Am nächsten Morgen lag der Wolf tot vor der Höhle. Luta wäre beinahe über das tote Tier gefallen. Tanea wusste sofort, wer das getan hatte. Das höhnische Lachen Jakas klang noch in ihren Ohren. Sie kniete neben dem Wolf nieder. Ein schwerer Stein hatte seinen Kopf zertrümmert. Aber der Stein fand sich nirgends.

Bald sammelten sich um Tanea und den toten Wolf andere Clanmitglieder. Sie tuschelten leise, manche trauten sich auch, den Kadaver anzufassen. Tanea tauchte aus ihrer Erstarrung auf. Sie hörte böse Worte: »Die Fremde und ihr Wolf. Unglück bringt sie. Von ihr ließe ich mich nicht berühren . . .«

Auch Luta hörte, was gesprochen wurde. »Wir müssen ihn wegbringen«, sagte sie zu Tanea.

»Wohin? Wohin, Luta?«

Luta wusste, was in Tanea vorging. Sie wusste, wie nahe ihr der Tod des Wolfes ging. Sie sah, wie sehr sich Tanea zusammennehmen musste, um ihren Schmerz nicht vor denen zu zeigen, die sie ablehnten.

»Wir bringen ihn zum Fluss, Tanea. Er muss zu den *Anderen.*«

Das Tier war schwer. Sie schleppten es aus dem Dorf raus an den Fluss. Dort legten sie es auf einen Überhang, sodass die Strömung es gleich erfassen würde, wenn es ins Wasser geworfen wurde.

Erschöpft setzte sich Luta hin. Es war kalt und morgens hing manchmal schon der Reif an den Gräsern. Der Winter war nicht mehr weit. Aber jetzt, in der Morgensonne, wurde es rasch wärmer.

Tanea streichelte das Fell ihres toten Wolfes. Sie wäre jetzt froh gewesen, wenn Tränen ihr den Blick auf das genommen hätten, was sie tun mussten. Aber ihre Augen blieben trocken. Luta half ihr den Wolf so weit auf den Uferüberhang zu ziehen, dass es nur noch eines kleinen Stoßes bedurfte, um ihn dem Fluss zu übergeben.

»Das musst du tun, Tanea. Ich gehe jetzt zurück. Aber tu es bald, die *Anderen* warten auf ihn.«

Tanea hörte, wie sich ihre Schritte im braunen Herbstgras entfernten. Tanea war Luta dankbar dafür, dass sie ihr Zeit gab sich von dem Tier zu verabschieden. Sie legte ihren Kopf auf das Fell des Wolfes. Auch die Pferdeleute hatten ihn nicht gemocht. Und sie war beim Pferdeclan ebenso eine Fremde geblieben wie hier bei den Flussmenschen.

»Ich habe dich geliebt, Wolf«, flüsterte sie leise. »Unter meinem Kittel hast du geschlafen und Stutenmilch war deine Nahrung. Ich wollte dich beschützen. Aber Jaka ist stärker als ich. Er wusste, wie weh er mir tut, wenn er dich tötet . . .«

Sie hob den Kopf und blickte über das tote Tier auf den Fluss. Luta sagt, der Fluss bringt die Toten zu den *Anderen.* Vielleicht wartet seine Wolfsmutter dort auf ihn. Dort, wo ist das? Wo endet der Große Fluss?

Wenn der Fluss nur die Toten des Bärenclans zu den *Anderen* bringt? Was wurde dann aus denen, die nicht zu ihm gehörten? Große Menschenmutter! Was wird aus . . . Verzweifelt gab sie dem toten Wolf einen Stoß. Er ging unter. Die Strömung trieb ihn vom Ufer weg und in die Mitte des Flusses. Tanea schaute ihm noch nach, als sie ihn längst nicht mehr sehen konnte. Jetzt erst fand die Trauer in ihr Platz. Er wird zu den *Anderen* kommen, dachte sie. Ich werde meine Hände nicht mehr in sein Fell graben können. Er wird nicht mehr kommen, wenn ich ihn rufe. Aber ich kann mich an ihn erinnern. Und sein

Heulen in der Nacht wird mit dem meiner Wölfin verschmelzen.

Als Taro ins Dorf der Flussleute kam, waren die wilden Pferde nicht bei ihm.
»Als der Sturm in den Bergen tobte, musste ich sie freilassen. Sie hätten sich mit den Riemen erdrosselt, als sie sich losreißen wollten. Im Frühjahr werden wir sie wieder einfangen. Jetzt sind sie bei der Herde besser aufgehoben.«
Tanea nickte. Ihre Stute, Ezuks Hengst und das junge Pferd weideten auf den Flussauen.
»Ich habe noch weitere schlechte Nachrichten«, sagte Taro. »Die Mammute ziehen nicht auf ihrem gewohnten Weg nach Süden. Außerdem sind sie schon gejagt worden. Ich habe Spuren gefunden und einen Mann gesehen, der zu keinem Clan gehört, den ich kenne.«
Ezuk und Arun fragten Taro noch weiter aus. Auch andere Männer kamen hinzu. Sie waren sehr aufgeregt und schauten nicht nur auf Taro, sondern auch auf Jaka, der bisher noch kein Wort gesagt hatte. Jetzt deutete Jaka auf Tanea, die bei Luta stand. »Ich wusste, sie bringt Unglück. Aber keiner wollte auf mich hören, als sie mit Ezuk kam, der immer noch lebt. Der Große Höhlenbär . . .«
Tanea rannte davon. Sie wollte nicht hören, wie die Flussleute gegen Ezuk und sie schlimme Drohungen ausstießen. Ja, natürlich war es ein Unglück, wenn die Mammute ausblieben. Die Jagd auf diese großen Tiere sicherte das Überleben im Winter. Wo sollten sonst die riesigen Fleischmengen herkommen, die sie für den Winter brauchten? Aber was hatte sie damit zu tun?

Und warum lastete man es Ezuk an, wenn die Mammute ihre Route änderten? Vielleicht wiegelte Jaka die Männer so auf, dass man Ezuk und sie wieder davonjagte.
Sie spürte, dass es zu harten Auseinandersetzungen kommen musste. Jetzt war es so weit, dass sich Ezuk dem Kampf gegen Jaka stellen würde. Aber Tanea war nicht sicher, ob Ezuks Kräfte dazu schon reichten. Jaka war wendig und schnell. Er war nicht geschwächt wie Ezuk. Es wäre besser, wenn es nicht zum Kampf kommen würde. Aber wie konnte das verhindert werden?
Sie meiden mich, weil ich anders bin als sie, dachte Tanea. Und jetzt versucht Jaka mich für das Unglück verantwortlich zu machen. Ezuk wird das nicht zulassen. Taro wird den Kampf vielleicht hinausschieben können, aber verhindern kann er ihn nicht.
Sie lief zum Fluss und setzte sich an die Uferböschung. Es hatte angefangen zu regnen. Der Fluss war in den letzten Tagen wieder angestiegen und riss kleine Bäume und Grasbüschel mit sich. Wenn der Fluss höher stiege, würde man sicher auch sagen, es sei Taneas Schuld. Seit der Wolf erschlagen vor ihrer Höhle gelegen hatte, hatte Tanea kein Mitgefühl mehr für Jaka. Sein Hass erstickte jedes gute Gefühl für ihn.
Taro kam und setzte sich neben sie. »Ich konnte nicht verhindern, dass sie aufeinander losgingen. Aber Ezuks Zorn ist groß und Jaka ist ein Hitzkopf. Sie werden bis nach den Männlichkeitsritualen warten müssen. Das habe ich ihnen auferlegt. Aber danach . . .«
Tanea barg den Kopf in ihren Händen. Taro sah, dass sie weinte, ihm aber ihre Tränen nicht zeigen wollte. Um sie

auf andere Gedanken zu bringen, sagte er: »Der Fremde, den ich sah, hatte so helles Haar wie du.«
Tanea hob den Kopf. Die Tränen vermischten sich mit dem stärker werdenden Regen. Taro legte seinen Fellumhang über ihre Schultern, weil er sah, dass sie fror. »Ich habe vor den anderen nicht alles gesagt, um keine Angst zu verbreiten. Der fremde Clan zieht vom Norden her dorthin, wo die Sonne untergeht. Im nächsten Jahr werden sie diese Mammute nicht mehr jagen. Aber in diesem Winter wird es hart für uns. Wir dürfen keine Zeit verlieren und müssen jagen, noch bevor die Rituale abgehalten werden. Auch die zukünftigen Männer müssen dabei sein. Es geht um das Überleben des Clans. Wir werden lange fort sein. Wenn wir die Herde noch einholen, schicken wir nach den Frauen, die wie immer helfen die Beute zu bergen.«
»Und ich werde dabei sein?«, fragte Tanea. Sie vergaß ihren Kummer. Es war das erste Mal, dass sie eine so große Jagd erleben würde.
»Du wirst dabei sein, Tanea.«
Taneas Gedanken waren aber nicht nur bei der bevorstehenden Jagd. »Du sagst, der Mann hatte so helles Haar wie ich?«
Taro nickte. »Ich habe ihn nicht nur gesehen, sondern auch versucht mit ihm zu sprechen.« Er machte eine lange Pause, bis er sich entschloss alles zu sagen. »Es war ein Mann vom Wolfsclan.«
»Von denen, die mich ausgesetzt haben, als ich erst wenige Tage alt war? Von denen?«
Taro zog sie am Handgelenk zu sich. Der Schorf auf der Innenseite war längst abgefallen. Er zeigte auf das Zeichen, das in der Höhle der Menschenmutter in die

Haut geritzt worden war und für immer in diesem Blau, dessen Zusammensetzung nur er kannte, sichtbar sein würde.
»Du trägst das Zeichen der Menschenmutter. Vergiss das nie, Tanea.«
Tanea schaute dem Wasser des Flusses nach, das braun war und vom Ufer Erde und Gras fraß. Dorthin, wohin der Fluss sich in seinem Bett wälzte, würden die Leute des Wolfsclans ziehen. War ihr Wolf ihnen vorangegangen? Tanea erschauerte bei dem Gedanken an den Ort, wo die *Anderen* waren. Der lag in der gleichen Richtung.

Jaka schnaubte vor Wut. Er stieß Wigu vor sich her in die Höhle und hob die Hand, um sie zu schlagen. Wigu duckte sich, um dem Schlag auszuweichen. Aber Jaka wurde festgehalten. Henek stand hinter ihm.
»Du wirst meine Mutter nicht mehr schlagen«, sagte er. »Sie wird dein Feuer verlassen, sobald ich ein eigenes anzünden darf. Ein Feuer mit Tanea als Hüterin.«
Jaka war so überrascht, dass er seine Hand sinken ließ. Im nächsten Augenblick jedoch ließ er sie auf Henek sausen. Aber der war darauf gefasst gewesen und hatte Jakas Faust abgewehrt. Henek wich keinen Schritt zur Seite. Er schaute dem Mann fest in die Augen, als er sagte: »Auch mich wirst du nie mehr schlagen.«
Wigu drückte sich ängstlich in eine Ecke und hielt sich die Hände vor das Gesicht. Sie erwartete eine harte Auseinandersetzung zwischen Jaka und Henek. Aber Jaka schlug nicht mehr zu. Seine Augen wurden zu einem schmalen Spalt, als er leise drohte: »Du wirst nie zu den Männern zählen. Und du wirst weder Wigu noch diese

Fremde, die unserem Clan Unglück brachte, an dein Feuer nehmen können. Wigu gehört mir – und du auch.«
Henek konnte sich nicht so beherrschen wie Jaka. Er schrie ihm ins Gesicht: »Wigu gehört nicht zu dir und ich auch nicht. Meine Mutter trug mich in ihrem Leib, noch bevor . . .«
»Schweig!«, schrie nun auch Jaka so laut, dass es auch andere hören konnten. »Dieser Krüppel, der sich kaum auf seinen Beinen halten kann, hat dir den Kopf vernebelt.«
»Ezuk ist mein . . .« Noch bevor Henek weitersprechen konnte, warf sich Wigu zwischen die beiden. Jakas Schlag traf sie so hart, dass sie ohne Besinnung zu Boden fiel. Henek beugte sich über seine Mutter. Er hörte nicht, dass Jaka leise zwischen den Zähnen hervorstieß: »Du wirst nie zu den Männern gehören. Eher stirbst du.«
Henek hob seine Mutter vom Boden auf und trug sie aus Jakas Höhle hinaus. Dort standen einige Frauen und Männer, die den Streit gehört hatten. Neugierig verfolgten sie mit ihren Blicken Henek, der seine Mutter zu Luta trug.
»Lege sie auf meinen Schlafplatz«, sagte Luta. »Tanea wird sich um sie kümmern. Sie weiß, was zu tun ist.« Dann verließ sie die Behausung Aruns und winkte auch Sele, mit ihr nach draußen zu gehen. Nach langer Zeit standen sich Tanea und Henek wieder allein gegenüber. Tanea beugte sich über Wigu, und Henek kniete neben ihr. Er fasste nach ihrer Hand. »Bald, Tanea, bald hat Jaka keine Macht mehr über uns.«
In Taneas Augen stiegen Tränen, als sie ihm ihre Hand entzog und sich um Wigu bemühte. »Sie wird bald wieder zu sich kommen. Aber ihr Kopf wird schmerzen. Ich werde ihr eine Medizin geben.«

Von Luta hatte sie gelernt, welche Kräuter sie brauchte, um einen Tee zu bereiten, der Wigu schläfrig machen und die Schmerzen im Kopf lindern würde. Aber ihre Gedanken waren nicht nur bei der Vorbereitung dieser Medizin. Sie schob die Steine näher ans Feuer und goss Wasser aus dem Schlauch aus Därmen in die Kochgrube. Dann suchte sie aus Lutas Vorräten die getrockneten Kräuter.

»Ihr werdet morgen aufbrechen, um die Mammutherde aufzuspüren«, sagte sie. »Ich wünsche mir sehr, dass ihr sie findet. Oder vielleicht stoßt ihr wenigstens auf eine Wisentherde. Ich bin es nicht, die euch Unglück gebracht hat, wie Jaka sagt.«

Henek nahm sie in die Arme und streichelte ihr die Tränen vom Gesicht. »Nein. Du bestimmt nicht, Tanea.«

Tanea ließ die Kräuterbündel fallen und wünschte, Henek würde sie immer so festhalten. In einem Anflug von Angst klammerte sie sich an ihn. »Jaka ist zu allem fähig, Henek. Er hat meinen Wolf erschlagen. Nimm dich vor ihm in Acht.«

Henek schaute Tanea fest in die Augen. »Jaka soll sich vor mir hüten. Ich fürchte ihn nicht mehr. An meiner Seite ist Ezuk, mein Vater.«

Noch bevor Tanea etwas sagen konnte, stöhnte Wigu und kam wieder zu sich. Henek half seiner Mutter sich aufzurichten. »Er wird so etwas nie wieder tun. Dafür werde ich sorgen. Tanea wird bei dir bleiben. Sie ist eine Frau, die heilen kann.«

Wigu versuchte ein Lächeln. »Ich weiß. Und du wirst sie an dein Feuer holen.« Sie rappelte sich mühsam auf. »Ich brauche heute Taneas Hilfe nicht. Es ist nicht das erste Mal, dass Jaka mich so sehr schlug, dass ich nicht mehr wusste, wo ich war. Ich werde heute bei dir bleiben, Henek.«

Tanea sammelte die Kräuterbündel auf, die ihr bei Heneks Umarmung aus den Händen gefallen waren. »Aber sie wären gut . . .«

Wigu lächelte ihr freundlich zu. »Ich weiß, Tanea. Und ich werde sicher einmal deine Hilfe brauchen. Aber heute muss ich bei meinem Sohn sein. Jaka wird es nicht noch einmal wagen, mich anzugreifen.«

Sie stützte sich leicht auf Heneks Arm und ging mit ihm davon. Henek schaute Tanea bedauernd an. Sie wusste, er wäre gern geblieben. In seinen Augen lag so viel Zärtlichkeit. Sie sehnte sich nach seiner Nähe und nach seiner Liebe.

In der Nacht, ehe die Jäger aufbrechen wollten, zelebrierte Taro die alten magischen Jagdrituale. Neben dem großen Feuer waren die mächtigen Speerschäfte der Jäger aufgetürmt. Taro rief die Geister der Mammute an, in deren Körper die Speerspitzen eindringen würden. Er hatte das Fell eines Bären übergezogen, dessen mächtiger Kopf Taro größer erscheinen ließ, als er tatsächlich war. Und obwohl Tanea die Vorbereitungen genau beobachtet hatte, wurde Taro auch für sie zum Großen Höhlenbären.

Die Frauen durften nur im zweiten Kreis stehen, die Männer hoben ihre Arme zum nächtlichen Himmel und schienen die Speere auf die Mammute zu schleudern. Ihre Kampfschreie mündeten in einem einzigen großen Schrei, der plötzlich abbrach. Aus dem Feuer zischte eine riesige Flamme . . .

Es war Taro, sagte sich Tanea immer wieder. Er hat den Zauber herbeigerufen, damit die Männer mutig sind.

Tanea hörte, wie Taro Luta zuflüsterte: »Die Jagd hätte in der Höhle des Großen Höhlenbären beschworen werden müssen. Aber die Männer, denen ich Zutritt zur Kulthöhle geben konnte, leben nicht mehr. Ich habe die Beschwörungen allein gemacht. Dadurch haben sie nicht genügend Kraft. Und was wir hier machen, dient nur dazu, dass die Männer den Mut nicht schon jetzt verlieren.«
Die Männer nahmen ihre Speere wieder an sich. Jeder hatte seine besonderen Spitzen aus hartem Feuerstein. Sie waren stolz darauf, durch besondere Abschläge die besten Spitzen ihr Eigen zu nennen. Warum waren Tanea Jakas Speerspitzen besonders aufgefallen? Weil sie länger waren als die der meisten anderen? Und weil sie am stumpfen Ende Widerhaken hatten, die jede Wunde noch tiefer machten, wenn ein Tier den Speerschaft, der es getroffen hatte abschütteln wollte?

Als die Jäger in den Booten gegen die Strömung auf dem angeschwollenen Fluss davonfuhren, um den Mammuten vielleicht noch den Weg abzuschneiden, standen alle Frauen des Clans am Ufer. Sie sahen, wie schwer die Männer zu kämpfen hatten, die ihre Ruder ins Wasser stemmten. Und manch eine der Frauen schickte ein Gebet zur Mutter aller Menschen, dass sie die Männer behüten möge.
Taro war mit einigen älteren Männern zurückgeblieben, um die Frauen zu beschützen und sie später zu begleiten, wenn die Jagd erfolgreich gewesen war und sie die Beute heimholten. Unter denen, die zurückgeblieben waren, befand sich auch Ezuk. Er war gekränkt und fühlte sich zurückgewiesen, als die Jäger beschlossen hatten nur die

kräftigsten in den Booten mitzunehmen, um die Herde abzufangen. In den Booten war nicht Platz für alle, weil sie wegen des Hochwassers nur die nehmen konnten, die aus einem ganzen Stamm riesiger Bäume gefertigt waren. Es gehörte viel Erfahrung dazu, die Bäume durch Feuer so weit auszuhöhlen, dass der Boden nicht durchbrach. Nicht alle Männer des Clans besaßen solch ein wertvolles Boot. Die leichten Boote aus Weidenruten, die nur mit Lederhäuten bespannt waren, waren für eine solche Fahrt ungeeignet.

Ezuk war erst zufrieden, als die Männer ihm den Auftrag gaben, die Nachhut anzuführen, die die Beute heimholen sollte.

»Sie werden nicht genügend Fleisch erjagen können«, sagte Taro zu Ezuk.

Er wandte sich vom Fluss ab und ging zurück. Leise, damit die Zurückgebliebenen es nicht hören konnten, fügte er hinzu: »Die Zeichen sind nicht gut. Aber haben wir eine andere Wahl?«

Ezuk wusste, dass Taro so etwas nicht ohne Grund sagte.

»Was hast du in deinen Träumen gesehen?«, fragte er. »Ich weiß, wie lange du nachts am Fluss gesessen hast, während die anderen schliefen. Werden wir diesen Winter überstehen?«

Taro nickte. Das, was er in seiner Vision gesehen hatte, konnte er nicht einmal Ezuk anvertrauen. Er hoffte inständig, dass es nur die Angst war, die ihm diese Bilder vorgegaukelt hatte. Die Auseinandersetzungen am vergangenen Tag hatten ihn wohl doch zu sehr beschäftigt und waren ihm bis in die Träume gefolgt, die er herbeigefleht hatte, in der Hoffnung, sie würden ihm bessere Ereignisse voraussagen.

»Hatten wir eine andere Wahl?« Er wischte die Traumbilder mit der Hand beiseite. »Es werden nicht alle Männer zurückkehren. So ist es bei jeder großen Jagd gewesen. Und es werden nicht alle diesen harten Winter überleben. Das war auch immer so. Und der Fluss wird seine Opfer verlangen. Er überflutet schon das Uferland. Wir müssen die Pferde weiter oben anpflocken.«
Ezuk hörte wohl die Sorge in den Worten Taros. Und wieder wünschte er, dass er sich gegen die Männer hätte durchsetzen können. Sein Stolz war verletzt. Jaka war mit in den Booten.
Er ging zu den Pferden, um sie aus der gefährlichen Ufernähe wegzuführen. Wenn ich den Kampf mit Jaka ausgefochten habe, gehe ich mit Wigu zu Taro in die Berge, schwor er sich dabei. Für Wigu werde ich Jakas Leben schonen, das er dann in Schande hier am Fluss beenden kann. Als Krüppel, das schwöre ich. Henek, mein Sohn, wird mit uns gehen. Er wird mit Tanea einen neuen Clan gründen. Taro wird vom Geist des Großen Höhlenbären erfahren, welches Totem diesen Clan beschützen wird.

Von diesen Gedanken ahnte Tanea nichts. Eine dumpfe Ahnung legte sich über sie, eine Angst, für die sie keinen Namen fand. Sie hielt es nicht aus bei den Frauen, die zusammenstanden und darüber jammerten, welchen Gefahren die Männer nun ausgesetzt waren. Tanea fürchtete auch, dass so manch einer der Männer schwere Verletzungen davontragen würde. Bisher hatte sie diese riesigen Tiere nur zweimal in der Ferne vorbeiziehen sehen. Aber da war sie noch mit Ezuk in ihrem Tal gewesen. Jagen konnte man sie nur, wenn viele starke Männer ihre Speere mit den scharfen Steinspitzen gemeinsam schleuderten. Tanea hatte die Speere gesehen, die die Männer am Abend zuvor neben das große Feuer gelegt hatten, damit Taro sie mit seinen Ritualen beschwören konnte.

Tanea nahm ihren Sammelkorb und sagte Luta, dass sie nicht untätig bei den anderen Frauen herumstehen wolle.
»Geh nicht zu nahe an den Fluss heran«, warnte Luta. »Er steigt noch immer an. Dort, wo gestern noch Wiese war, ist heute vielleicht schon Wasser.«
Das sah Tanea selbst. Sie war froh, dass Ezuk die Pferde weiter auf den Hang hinaufgeführt und dort angepflockt hatte. Aber vor allem fürchtete sie, die Männer könnten die Gewalt über die Boote verlieren und mit der Strömung fortgerissen werden. Eine Jagd war immer gefährlich.
Sie erinnerte sich an Heneks Blick, mit dem er sie angesehen hatte, bevor er zu den anderen ins Boot gesprungen war. Er ist in Aruns Boot gestiegen, nicht in das von Jaka, dachte sie zufrieden.
Bald war der Boden so nass, dass Tanea es nicht wagte, weiterzugehen. Luta würde unzufrieden sein, wenn sie mit leerem Korb zurückkehrte. Aber sie wollte ihre Füßlinge nicht so durchnässen, dass es Tage dauerte, bevor sie wieder ganz trocken wurden. Tanea spürte, wie die Nässe bereits durch die Sohlen kroch, und war froh, dass sie genügend trockenes Gras unter ihre Füße gestopft hatte. Das wärmte gut. Trotz des verhangenen Himmels blieb der Regen an diesem Tag aus. Aber die dunklen Wolken verhießen weitere Regenfälle, und das bedeutete, der Fluss würde noch breiter und höher werden. Wie

gut, dass die Behausungen der Flussleute so weit oben in den Hang gegraben waren. Bis dahin würde das Wasser nicht kommen.
Obwohl die Kälte bereits durch ihre warme Fellkleidung kroch, konnte Tanea sich nicht entschließen zurückzugehen. Sie wollte allein sein. Seit sie aus den Bergen zurückgekehrt waren, hatte sie nur selten Gelegenheit gehabt über all das nachzudenken, was im letzten Sommer geschehen war. Wenn sie die Augen schloss, war es ihr, als könne sie Henek riechen, die kräftigen Arme spüren, die sie umfingen und in den unergründlichen Strudel zogen, der ihre Sinne nur nach der Vereinigung ihrer Körper verlangen ließ, als könne sie die Zärtlichkeit seiner Hände spüren, die ihren Körper liebkosten, bis sie wieder ruhig geworden war.
Bald, dachte sie. Bald werde ich Heneks Feuer hüten.

Das Wasser erreichte die Höhlen am Hang nicht. Der Regen hatte nachgelassen und blieb schließlich ganz aus. Luta beobachtete nicht nur das Sinken des Wassers, sondern schaute auch besorgt dorthin, woher die Boten kommen mussten, die eine erfolgreiche Jagd meldeten. Sie blieben zu lange aus.
Auch die anderen Frauen wurden unruhig. Längst hatten sie das zusammengepackt, was sie mitnehmen mussten, um die Jagdbeute zu zerteilen und dann auf Rutschen bis zu den Booten zu ziehen. Erst später würde das Fleisch dann endgültig bearbeitet und für den Winter haltbar gemacht werden. Die Gruben, in denen die Vorräte lagern sollten, waren sorgfältig gesäubert und mit Matten aus Weidenruten abgedeckt worden.
Viel zu viele Gruben für viel zu wenige Vorräte, dachte

Luta besorgt. Sie konnte die Angst nicht zurückdrängen, dass die Jäger mit leeren Händen heimkommen würden. Wir könnten den Winter nicht überleben, dachte sie. Nicht die Alten und die Kranken. Und auch die Kinder nicht, weil die Milch in den Brüsten der Mütter versiegen wird, wenn diese hungern. Sie dachte an Taros Vorräte in der Felsenhöhle in den Bergen. Doch was war das für so viele hungrige Mägen? Und sie wusste auch, dass nicht einmal Taro es wagen würde, mitten im Winter bei Schnee und Kälte den weiten Weg zu gehen.

Tanea war oft am Fluss. Sie schaute aber meistens nur in die Richtung, aus der die Boote auftauchen mussten. Oder wenigstens ein Boot, das die Nachricht bringen sollte, dass sie endlich aufbrechen konnten.

Dann kam endlich an einem sonnigen kalten Tag das ersehnte Boot. Zwei Männer hielten es in der Strömung der Flussmitte, um es dann im geeigneten Augenblick ans Ufer zu bringen. Alle Bewohner des Dorfes ließen die Arbeit liegen und rannten zum Fluss.

Tanea sah es, noch bevor die anderen hinschauten. Im Boot lag ein Mensch. Eine lederne Plane deckte die Gestalt zu. Ein unglaubliches Angstgefühl überfiel sie. Wie angewurzelt stand sie da. Sie sah, wie die beiden Männer das Boot an Land zogen und wie die Flussleute sie umringten. Sie hörte auch die Stimmen, die von einem großen Unglück berichteten. Nur ein einziges, noch dazu ein altersschwaches Mammut hatten sie erjagen können. Die Jäger seien jetzt auf die Spuren einer Wisentherde gestoßen. Vielleicht . . .

Dann hörte sie Wigus Schrei. Sie wusste nicht, ob sie in den Schrei eingestimmt hatte. Aber in diesem Augenblick

wusste sie sicher, wer der Tote war, der unter der Plane im Boot lag.
Die Flussleute standen dicht gedrängt um das Boot und die beiden Männer. Tanea drängte sich hindurch und sah Henek im Boot. Wigu hatte die Plane beiseite geschoben und rang vor Schmerz die Hände. Tanea war wie erstarrt. Als ob es nicht sie selbst wäre, beugte sie sich über den Toten. Henek lag da, als ob er schliefe und jeden Augenblick aufwachen würde. Nur sein Gesicht war bleich, und als Tanea seine Hand ergriff, spürte sie die Kälte des Todes.
»Henek!«, flüsterte sie. »Henek.«
Noch einer schob sich durch die Menschen, die auf den Toten blickten: Ezuk.
»Wie ist das geschehen?«, fragte er die beiden Männer, die das Boot mit Henek gebracht hatten. »War niemand da, der die Unerfahrenen schützte?«
Die beiden Männer blickten verlegen zu Boden. Dann sagte der eine: »Jakas Sohn wurde von einem Speer getroffen, als er den Mammuten nachlief. Es war ein Unglück.«
Ezuk richtete sich auf. »Henek ist mein Sohn! Wessen Speer war es, der ihn traf?«
Darauf antworteten die beiden Männer nicht. Ezuk schob Wigu und Tanea beiseite und hob Henek aus dem Boot. Dann trug er ihn bis vor Aruns Höhle und legte ihn nieder. »Bring viele Felle, Wigu«, sagte er. »Wir wollen unserem Sohn ein weiches Lager bereiten.«
Tanea erlebte das alles wie im Traum. Die anderen erschienen ihr unwirklich: Ezuk mit dem narbigen Gesicht, Wigu, die weinend Felle auftürmte, Taro und Luta, die entsetzt zusahen.

Die anderen Flussleute hielten sich fern. Ihnen ging das, was Henek widerfahren war, nicht nahe. Viel zu oft hatten sie Tote beklagen müssen. Das Leben war hart und es traf oftmals Männer, an deren Feuer Frauen und Kinder zurückblieben, die von den anderen nun auch noch versorgt werden mussten. Dieser hier, Henek, war noch nicht einmal ein Mann gewesen.
Tanea konnte nicht weinen. Sie stand da und rührte sich nicht. Nur als Taro den Toten umdrehte, um zu sehen, wo der Speer in seinen Rücken eingedrungen war, beugte sie sich hinunter.
Die Speerspitze steckte noch in der Wunde, deren Ränder blutverkrustet waren. Wigu schrie wieder auf und rannte davon.
Tanea handelte wie unter einem Zwang. Sie schob Taros Hand beiseite und fühlte mit ihren Fingern die scharfen Kanten der Speerspitze. Behutsam löste sie die Spitze aus dem Körper, so wie sie es auch bei einem Lebenden getan hätte, um ihm keinen Schmerz zuzufügen. Dann erhob sie sich und reichte die Speerspitze Ezuk.
»Nur einer hat solche Speerspitzen im Bärenclan. Jaka.«
Ezuk sah Tanea an.
»Ich wusste es, noch bevor die Speerspitze in meiner Hand lag.«
Tanea kniete wieder an Heneks Felllager und sie sah, wie Ezuk die Hand zur Faust schloss. Sie drehte Henek wieder auf den Rücken, dann strich sie ihm eine Haarsträhne aus dem Gesicht. Mit sanften Fingern berührte sie seine Augenlider und seinen Mund. Dann erhob sie sich und ging wortlos davon.
Erst abends fand Luta das Mädchen. Sie saß an der Uferböschung und starrte ins schlammige Wasser des

Großen Flusses. Luta nahm sie an der Hand und führte sie zurück ins Dorf. Sie bettete Tanea auf ihren Schlafplatz und zog ihr die nassen Kleider aus. Dann rieb sie Taneas Arme und Beine mit einer stark duftenden Salbe ein, bis das Mädchen wieder warm wurde.
Tanea ließ alles mit sich geschehen, ohne ein Wort zu sagen. Schließlich deckte Luta sie mit warmen Fellen zu und sagte: »Morgen werden wir das Floß auf den Fluss bringen. Henek wird zu denen gehen, die nur noch in unseren Gedanken leben. Bitte die Menschenmutter, dass sie dir Tränen schenkt.«
Tanea drehte den Kopf zur Seite und schloss die Augen.

Es war ein Tag wie im Frühling, obwohl der Winter nah war. Am Ufer des Flusses bettete man Henek auf ein schmales Floß. Ezuk hatte darauf bestanden, dass auf die mit Riemen zusammengebundenen Stämme statt der üblichen Schilfmatten weiche Felle gelegt wurden. Er legte neben Henek seinen besten Speer und bog ihm die Hand um den mit Zauberzeichen verzierten Griff eines Steinmessers. Wigu legte Henek die Gaben zu Füßen, die er mit zu den *Anderen* nehmen sollte: getrocknetes Fleisch, eine Knochenschale mit Fett, heilkräftige Wurzeln und Kräuter.
Die Flussleute standen neben dem Floß. Einige Frauen legten auch noch Wegzehrung auf das Floß.
Taro saß schon im Boot. Er wollte gemeinsam mit Ezuk das Floß in die Flussmitte lotsen, damit es gute Fahrt bekäme. Doch bevor die beiden Männer, die den Toten zurückgebracht hatten, das Floß ins Wasser legen konnten, richteten sich alle Augen auf Tanea, die mit langsamen Schritten zum Fluss kam. Sie trug das mit

fremdartigen Mustern bestickte Kleid, das ihr die Frauen der Pferdeleute zum Abschied geschenkt hatten. Unter das kurze Überkleid hatte sie die Beinlinge aus weich gegerbtem, hellem Leder angezogen. Das helle Haar war sorgfältig zu einem Zopf geflochten, der ihr auf die Brust fiel. Dort lag der Bernstein auf der bloßen Haut.

»Sie ist geschmückt wie eine Frau, die an das Feuer eines Mannes geht«, flüsterte Kirka Luta zu, die beklommen beobachtete, was Tanea tat. Selbst Wigu wich vor Tanea zur Seite. Tanea hob ihre Arme und öffnete die Hände. So stand sie eine Weile still. Luta ahnte, dass sie jetzt die Menschenmutter darum bat, ihn sicher zu den *Anderen* zu geleiten. Auch sie hatte zur Menschenmutter ihre Gedanken geschickt, die aber auch Bitterkeit in sich bargen. Warum gerade er? Und sie hatte auch Ezuk und Taro beobachtet, die in der Nacht bei Henek gewacht hatten. Mit den Ritualen, die Henek zu den *Anderen* bringen sollten, war er wohl versorgt.

Tanea nahm den Bernstein von ihrem Hals und legte ihn Henek auf die Brust. Luta ging zum Floß und gab Tanea den durchsichtigen Stein zurück. »Dieser Stein gehört zu den Lebenden«, sagte sie entschieden. »Du darfst ihn nicht mit Henek wegschicken!«

Einige Herzschläge lang kam Leben in Taneas starres Gesicht. Sie zog ihr scharfes Steinmesser aus dem Gürtel, und ehe jemand eingreifen konnte, schnitt sie damit ihren Zopf ab. Sie legte ihn in den Ausschnitt von Heneks ledernem Kittel. »Das darf ich!«

Die Männer hoben das Floß auf und trugen es in das seichte Uferwasser. Dann warfen sie den Riemen, an dem

es befestigt war, Ezuk zu, der in das Boot stieg und das Floß damit hinter sich herzog. Wigu brach weinend zusammen und Luta nahm sie in die Arme.
Tanea ging am Ufer neben dem Boot her. Sie sah, wie Ezuk den Riemen von seiner Hand löste und das Floß nun frei in der Flussmitte schwamm und schnell vorangetrieben wurde. So wie das Floß schneller wurde, lief auch Tanea nebenher. Sie achtete nicht darauf, wohin ihre Füße traten. Ihre Gedanken schwammen mit dem Floß davon, auf dem Henek lag. Sie konnte kaum noch folgen, da durch das Hochwasser viele Hindernisse auf ihrem Weg lagen. Erst als ihr ein entwurzelter Baum im Weg lag, blieb sie stehen. Das Floß trieb auf dem Großen Fluss der untergehenden Sonne entgegen.
Tanea setzte sich auf den Stamm des entwurzelten Baumes. Das flimmernde Wasser trieb ihr die Tränen in die Augen. Aber es waren keine Tränen, die ihr Erleichterung verschafften. Sie haderte mit der Menschenmutter.
»Musste ich alles hergeben, was ich liebte, weil ich die Freuden einer Frau erlebte, bevor ich eine wurde? Warum soll ich dir überhaupt dienen? Du bist hartherzig und strafst, statt zu verzeihen. Oder war es der Große Höhlenbär, der sein Opfer forderte? Konntest du ihn nicht daran hindern? Ich wollte Henek an sein Feuer folgen, wenn er ein Mann geworden ist. Ich wollte seine Söhne und Töchter in mir tragen und gebären. Und trotzdem wollte ich dir mit all meinen Kräften dienen. Wolltest du alles allein? Jetzt werden sie mich ans Feuer eines Mannes schicken, damit ich mich zu ihm lege. Aber ich werde ihm kein Kind gebären. Ich weiß, welche Kräuter das verhindern können. Ich werde dir nicht dienen, Menschenmutter.

Du bist grausam und ungerecht. Du nahmst meine Mutter von mir, als ich noch nicht für mich selbst sorgen konnte. Warum? Du wolltest Ezuk sterben lassen, der für mich da war, seit ich denken kann. Warum? Du hast Henek von mir gerissen, bevor er das Feuer mit mir entzünden konnte . . .«
Tanea nahm weder die Dunkelheit noch die Kälte wahr. Sie wartete auf eine Antwort der Menschenmutter, die sie so heftig anklagte. Aber die Menschenmutter blieb stumm.

Taro hatte sie auf seinen starken Armen zurückgetragen. Doch davon wusste Tanea nichts. Sie lag mit hohem Fieber auf ihren Schlaffellen und redete wirr. Luta kühlte ihre Stirn und flößte ihr Tee ein, um die Hitze aus dem Körper zu treiben. Taro saß oft bei ihr und versuchte mit allem, was er wusste, Tanea wieder gesund zu machen. Nichts schien zu helfen.
Ezuk wusste sich nicht zu helfen vor Trauer und Zorn. »Ich werde ihn töten! So wie er meinen Sohn getötet hat!«
»Der Hass trübt dir die Augen«, beschwichtigte ihn Taro. »Welche Strafe wäre das für einen wie Jaka, wenn er in einem einzigen Augenblick tot umfiele? Er soll das erleiden, was er dir angetan hat. Ohne Waffen und ohne Nahrung in der Kälte des Winters ausgestoßen zu werden. Das wäre eine gerechte Strafe.«
Aber Ezuk war nicht Taros Meinung. »Einer wie Jaka stirbt nicht daran.«
»Ihm würde niemand warme Kleidung und Waffen geben. Keiner aus dem Clan, der erfahren hat, wer Henek den Speer in den Rücken warf.«
Ezuk dachte daran, wie Wigu an dem Tag, als Henek auf

dem Fluss zu den *Anderen* geschickt wurde, das Feuer in Jakas Höhle ausgehen ließ.
Mit einem Bündel, das nur das Nötigste enthielt, hatte sie sich vor Aruns Höhle gesetzt und gewartet, bis Ezuk heimkam. In dieser Nacht hatte Ezuk die Wärme ihres Körpers neben sich gespürt.
»Die Jäger sind noch nicht zurückgekommen«, sagte Taro in Ezuks Gedanken hinein. »Wir wissen nicht, ob Jaka bei ihnen sein wird.«
Doch Jaka war bei denen, deren Boote am Ufer anlegten. Die Boote hatten außer den Jägern nur wenig Last. Die Beute dieses Jagdzuges würde nie so lange reichen, bis die dunklen Tage zu Ende gingen.
Die Frauen teilten das Wenige und bargen es in den Vorratsgruben. Die Männer drängten Taro, jene zu Männern zu machen, die an der erfolglosen Jagd teilgenommen hatten. Taro ordnete an am Abend ein großes Feuer zu entzünden. Männer, Frauen und Kinder sollten seine Entscheidung hören. Er konnte Ezuk nur mit Mühe zurückhalten sich Jaka in den Weg zu stellen und ihn zum Kampf herauszufordern.
Als das große Feuer die Sterne am Nachthimmel blasser erscheinen ließ, trat Taro vor die Menschen des Bärenclans. Er hatte darauf verzichtet, sich das Bärenfell überzuwerfen und dadurch die Sinne der Clanmitglieder zu täuschen. Aber er zeigte ihnen, dass er trotz der fortgeschrittenen Jahre noch ein Mann war, der sich mit jedem messen konnte. Nur mit einem Lederschurz bekleidet, der seine Blöße bedeckte, stellte er sich neben das lodernde Feuer. Er hatte seinen Körper eingefettet. Die starken Muskeln traten hervor und ließen seine ungeheure Kraft ahnen.

Laut verkündete er: »Der Große Höhlenbär wird in diesem Jahr keinen Knaben zum Mann machen. Einer, der es werden sollte, starb mit einem Speer im Rücken, einem Speer, der *ihn* töten sollte, nicht das Mammut, dem er nacheilte.«
Taro machte eine Pause, in der nur das laute Knacken des Holzes im Feuer zu hören war. Dann streckte er seine Hand aus, in der die Speerspitze lag, die Tanea aus dem Rücken Heneks gelöst hatte.
»Nur einer im Bärenclan benutzt solche Spitzen für seine Speere«, donnerte Taros Stimme in die Stille. »Er soll vortreten und sagen, warum sein Speer tötete.«
Die Männer wussten, wem die Anklage galt. Aber sie schwiegen. Auch Jaka schwieg. Da warf ihm Taro die Speerspitze vor die Füße.
Ezuk konnte sich nicht länger beherrschen. Er sprang auf Jaka zu und presste ihm die Hände um den Hals. Aber Taro riss ihn zurück.
»Männer des Bärenclans«, rief er laut. »Warum duldet ihr einen unter euch, der eure Ehre mit dem Blut unschuldiger Knaben besudelt? Warum erzürnt ihr den Großen Höhlenbären, der euch das Jagdglück versagte, weil einer von euch so vom Hass verblendet ist, dass er Menschen tötet?«
Jaka erholte sich von dem Würgegriff, mit dem Ezuk ihn gepackt hatte. Heiser schrie er: »Er ist es, der den Großen Höhlenbären erzürnt hat. Noch hat er nicht mit dem Tod gesühnt, dass er einen Bären tötete. Jetzt kam er zurück und brachte das Unglück über uns. Ich habe nur das getan, was getan werden musste: Die Brut ausrotten, die aus seinem Samen kroch!«
Entsetzt wichen die Clanmitglieder vor Jaka zurück. Sie

hatten nur noch Augen für Ezuk und Jaka. Niemand bemerkte, dass Luta ihrem Bruder das Bärenfell mit dem riesigen Kopf überstülpte.
Im flackernden Schein des Feuers, das langsam niederbrannte, trat der Große Höhlenbär vor die Menschen des Bärenclans am Großen Fluss. Taro war sich der Täuschung, die er beging, wohl bewusst. Niemand außer Luta sah, wie er etwas ins Feuer warf, das die Flamme steil aufsteigen ließ. Wie bei der Beschwörung der Jagd, bevor die Männer ausgezogen waren. Am Feuer stand nun der Große Höhlenbär.
»Verbannt Jaka!«, dröhnte er mit hohler Stimme. »Er soll nie wieder die Nähe eines Feuers suchen, das zum Bärenclan gehört. Jeder soll ihn davonjagen oder ihm das Messer in die Brust stoßen, ohne dafür sühnen zu müssen. Keiner soll ihm Nahrung oder Waffen geben . . .«
Ezuk erschauerte. Das waren die Worte, die Taro auch damals gegen ihn gesprochen hatte, die Taro damals sprechen musste, als man Ezuk aus dem Clan ausgestoßen hatte. Aber ihm hatte Luta geholfen. Jaka hatte niemanden, der ihm warme Kleidung und Waffen geben würde. Er erinnerte sich in diesem Augenblick auch daran, was Luta ihm erzählt hatte. Jaka war als Kind von den Feuern verjagt worden, weil seine Leute bei dem verheerenden Hochwasser umgekommen waren. Er hatte keine Mutter, die ihm helfen konnte. Er hatte keine Frau mehr, denn Wigu hatte das Feuer seiner Höhle ausgehen lassen. Und der, dem er den Speer in den Rücken geworfen hatte, war nie sein Sohn gewesen.
»Männer des Bärenclans«, hörte er die dröhnende Stim-

me rufen. »Schwört, dass ihr meinen Worten folgen wollt. Schwört!«

Jetzt erkannte auch Ezuk unter dem riesigen Bärenkopf Taro und hoffte, dass der Zauber die Augen der Männer und Frauen des Clans gefangen hielt. Er hörte aber auch, dass manche Männer murrten und nur zögernd den Schwur leisteten. Waren es diejenigen, die immer zu Jaka standen? Oder die, die seine schändliche Tat verurteilten und seinen Tod forderten?

Ezuk fühlte sich wieder um Jahre zurückversetzt. Taro hatte damals seinen Willen durchsetzen können. Es würde ihm auch heute gelingen. Aber später würde Uneinigkeit den Clan spalten.

Jonk trat an das Feuer. Er forderte mit kräftiger Stimme Gehör. Ezuk wusste nicht, ob Jonk den Zauber ebenso durchschaut hatte wie er. Taro trat in den Schatten zurück, damit niemand ihn genau betrachten konnte. Jetzt züngelten die Schatten des niederbrennenden Feuers auf Jonk. Auch er hatte seinen Kittel ausgezogen und zeigte seinen muskulösen Körper. In den Händen hielt er seinen Speer. »Männer des Clans!«, rief er. »Wer dem Befehl des Großen Höhlenbären folgt, der soll zu mir an das Feuer treten und seine Hand auf den Speer legen. Jeder Mann soll schwören!«

Keiner wagte es, sich auszuschließen. Alle legten die Hand auf Jonks Speer. Auch Ezuk.

In der allgemeinen Verwirrung verschwand Jaka. Keiner bemerkte sein Weggehen. Aber alle waren froh, als er nicht mehr unter ihnen war. »Er hat das Urteil angenommen«, sagte Jonk. Die Männer nickten.

Taro hatte unbemerkt das Bärenfell ablegen können. Er legte als Letzter seine Hand auf Jonks Speer. Er war jetzt

wieder nur noch der Mann, der die Geheimnisse des Clans bewahrte.
Erst nach Tagen ließ Taneas Fieber nach. Sie war sehr geschwächt. Luta und Wigu bemühten sich abwechselnd um sie. Als sie wieder auf den Beinen stehen konnte, war ihr erster Weg zum Fluss. Luta duldete aber nicht, dass sie lange in der Kälte stand. Der Boden war gefroren und selbst der Fluss hatte am Ufer an den seichten Stellen Eis gebildet.
Tanea war sehr ernst und redete kaum. Luta hatte Taneas Haar mit einem scharfen Knochenschaber gleichmäßig gestutzt. Das schmale Gesicht und das kurze Haar ließen das Mädchen noch fremder aussehen als vorher. Tanea hörte aufmerksam an, was Luta ihr berichtete. Sie wusste, wie erfolglos die Herbstjagd gewesen war und dass der Hunger bald alle quälen würde. Solange der Fluss nicht zufror, konnte sie noch Fische fangen.
Aber danach?
Taro fragte Tanea, ob sie nach der Schneeschmelze mit in die Berge kommen wolle. »Ezuk und Wigu werden mit mir gehen. Auch Luta.«
Tanea nickte nur. In ihr war keine Freude mehr. Wo sonst sollte sie leben? Doch nicht hier am Fluss, wo alle sie mieden. Sie merkte wohl, dass ihr alle aus dem Wege gingen und niemand sie zu den wenigen Arbeiten aufforderte, die draußen erledigt werden konnten.
In Aruns Höhle war es eng geworden. Sele konnte kaum noch etwas in die dünne Brühe tun, das sättigte. Manchmal fand Tanea, wenn sie mit Luta unterwegs war, einige gefrorene Beeren oder sie zogen gemeinsam Wurzeln aus dem harten Boden. Sie aß kaum noch etwas und wurde immer kraftloser. »Iss wenigstens das, was alle

bekommen«, schalt Luta. »Nur die Gesunden und Kräftigen werden diesen Winter überleben.«
Tanea verkroch sich unter ihren Fellen und lebte von ihren Träumen. Den Hunger merkte sie kaum noch. Heneks Gesicht ließ sich in ihre Träume holen und die Wärme, die er ihr geschenkt hatte. Mit ihm konnte sie über die Wiesen in den Bergen reiten: Henek auf dem Hengst, den er aus der wilden Herde geholt hatte, sie auf ihrer Stute, die wieder trächtig war. »Wir werden eine große Herde haben, Henek!«
Sie hörte das Wiehern der Pferde. Das zornige Aufbäumen des Hengstes und das ängstliche Schnauben des jungen Pferdes. Sie lachte in ihrem Traum. Henek war zu nahe an die wilden Pferde herangeritten.
Doch dann war sie hellwach. Die Pferde, für die sie im Sommer genügend Gras zu Heu getrocknet hatte, damit sie den Winter gut überstanden, schrien in höchster Not. Das war kein Traum mehr! Tanea warf die warmen Felldecken beiseite und rannte hinaus in die eisige Kälte. Im Schnee sah sie die Spuren vieler Füße, die dorthin führten, wo sie für die Pferde einen sicheren Unterschlupf gegen die kalte Witterung errichtet hatte.
Sie kam zu spät. Die Männer des Clans hatten den Tieren ihre Speere in den Leib gebohrt. Sie hatten sich nicht wehren können.
Tanea sah, wie die ausgehungerten Männer das Blut aus den Wunden tranken und die Tiere sofort ausweideten, damit sie nicht im Frost erstarrten. Im dampfenden Leib der Stute sah sie das Fohlen, das im Frühjahr geboren werden sollte. Tanea lief entsetzt davon und erbrach das Wenige, das sie im Magen hatte. »Sie haben die Pferde getötet!«, sagte sie tonlos, als Luta ihr mit einem warmen

Fellumhang entgegeneilte. »Sie haben die Pferde einfach abgeschlachtet.«
Luta legte ihr den Umhang über die Schultern. Dann sah sie, dass Tanea barfuß im Schnee stand. Luta nahm sie einfach auf die Arme und trug sie in die Höhle zurück. Sie legte warme Steine an Taneas Füße und sprach behutsam auf sie ein. »Was verlangst du denn von ihnen, Tanea. Sollen die Pferde leben und die Menschen vor Hunger sterben? Pferde können von Taro und Ezuk wieder eingefangen werden. Aber es sind schon mehr Menschen des Clans an Hunger und Kälte gestorben, als du Finger an beiden Händen hast. Die Kinder . . .«
Tanea fasste hart nach Lutas Hand. So viel Kraft hatte Luta ihr gar nicht mehr zugetraut. »Sie haben die Stute getötet. In ihrem Leib war das Fohlen. Ich werde eher vor Hunger sterben, als vom Fleisch dieser Pferde zu essen.«
Luta spürte hinter diesen Worten auch den unausgesprochenen Vorwurf. Warum habe ich ihr die Kräuter gegeben?, dachte sie. Wenn ein Kind von Henek in ihr heranwachsen würde, wäre der Schmerz um ihn vielleicht erträglicher.
Luta deckte Tanea wieder zu und schob die warmen Steine an ihre Füße. »Versuche zu schlafen«, sagte sie. Und sie dachte, wir werden alle vom Fleisch dieser Pferde essen, um wenigstens für ein paar Tage satt zu sein und neue Kraft zu sammeln. Aber es wird nicht lange reichen.

Es reichte wirklich nicht lange. Die Clanleute hatten sich sogar um die Knochen geprügelt, die übrig geblieben waren, um sie immer und immer wieder in ihren dünnen Brühen auszukochen.

Luta hatte durchgesetzt, dass der Anteil, der ihrer Höhle zustand, nicht dort gegessen wurde. Kirka und Jonk hatten es übernommen, die Mahlzeiten zu bereiten und ihnen redlich ihre Speise zuzuteilen. So blieb es Tanea erspart, die Mahlzeiten zu riechen. Sie lag teilnahmslos unter ihren Fellen. Manchmal verließ sie die Höhle, um ihre körperlichen Bedürfnisse zu erledigen. Wie gehetzt rannte sie dann wieder zur Höhle zurück. Sie wollte der Begegnung mit den Clanleuten ausweichen. Aber es gelang ihr nicht immer. Sie hörte das Tuscheln hinter ihrem Rücken, das immer lauter wurde.

»Das Unglück hat *sie* über uns gebracht. *Sie* ist eine von den Wolfsleuten, die die Mammute vor uns jagten. Es reicht nicht, dass ihr Wolf getötet wurde. Man muss auch sie erschlagen!«

Tanea zitterte vor Angst und Schwäche. »Ich habe euch kein Unglück gebracht. Mein Unglück ist größer als das eure.«

Da traf sie der erste Eisbrocken hart an der Stirn. Dann noch einer und noch einer. Tanea duckte sich, um den steinharten Brocken auszuweichen, und schlug die Arme über ihrem Kopf zusammen. Dann spürte sie, wie sie hochgezogen wurde. Sie wollte sich wehren, war aber zu kraftlos dazu. Dann hörte sie Taros vertraute Stimme.

»Keiner von euch wage es, Tanea noch einmal anzugreifen oder zu beschimpfen. Bringt mir Holz und Feuer!«, befahl er. Er legte den Arm um Tanea, die vor Angst und Schmerzen kaum wahrnahm, was geschah.

Das wenige Holz, das man ihm brachte, war feucht. Das Holzscheit, mit dem Taro das Holz anzuzünden versuchte, wäre beinahe erloschen.

Aber endlich fing das Holz Feuer. Taro drückte Tanea das qualmende Scheit in die Hand und führte die Hand zum Feuer. »Ihr seht, ich habe mit Tanea, der Frau, die heilen kann, ein Feuer entzündet. Sie wird künftig mein Feuer hüten. Und jeder, der ihr etwas zu Leide tut, wird meinen Fluch zu fürchten haben. Komm, Tanea.«
Taro führte das zitternde Mädchen von den aufgebrachten Menschen weg. Er spürte, dass sie sich kaum noch auf den Beinen halten konnte. Aber sie zwang sich, aufrecht zu gehen.
Ezuk, Luta und Wigu hatten staunend beobachtet, was geschehen war. Luta fand zuerst wieder Worte: »Sie ist verletzt. Ich muss ihre Wunden versorgen. Es wird einige Zeit dauern, bis sie dein Feuer hüten kann, Bruder.«
»Ich werde warten«, sagte Taro. Dann überließ er Tanea den Frauen, die ihre Verletzungen behandelten.
Tanea war immer noch benommen vom Aufprall der Eisbrocken, die ihren Kopf getroffen hatten. Alles, was um sie herum geschah, nahm sie nur wie durch Nebel wahr, so, als ginge sie das alles gar nichts an. Sie spürte Lutas Hände, die ihren Kopf betasteten, und das weiche, nasse Ledertuch, mit dem ihr Kopf gekühlt wurde, tat ihr gut.
»Hörst du mich, Tanea?«, fragte Luta.
Tanea antwortete nicht, obwohl sie die eindringliche Frage gut gehört hatte. Sie wollte wieder in ihre schönen Träume eintauchen. Da konnte sie sich zurückdenken und vorausdenken. Nur das, was jetzt war, wollte sie nicht wahrnehmen. Niemand verlangte etwas von ihr. Aber sie waren besorgt um sie.
In Taneas Tagträume drängte sich ein Bild, das sie schnell loswerden wollte: Taro hatte ihre Hand genommen und

das brennende Scheit an das Holz gehalten, das nicht brennen wollte. Qualm drang in ihre Augen. Ihr Kopf schmerzte.
Doch mit einem Mal erinnerte sich Tanea ganz deutlich an alles: Taro hatte sie an sein Feuer geholt. Sie hatte mit ihm ein Feuer entzündet!
Der Schrecken darüber ließ Tanea laut stöhnen. Besorgt beugte sich Luta über sie. Da schloss Tanea schnell wieder die Augen. Bin ich jetzt die Hüterin von Taros Feuer?, dachte sie entsetzt. Sie wollte diese Frage verdrängen, aber irgendetwas in ihr duldete das nicht. Ihre Gedanken waren klar und unbarmherzig. Ja, ich muss jetzt mit Taro leben. Im Frühjahr werden wir in die Berge gehen, weg von diesem Clan, wo sie mich erschlagen wollen, so wie Jaka meinen Wolf erschlagen hat. Sie wollen mich töten, weil sie denken, ich hätte ihnen Unglück gebracht.
Taro wird sich zu mir unter die Decken legen, wie es Arun tut, wenn er Sele umarmt, so wie es bei Ezuk und Wigu ist. Sie alle haben Henek schon vergessen, der auf dem Großen Fluss zu den *Anderen* trieb. Aber ich habe ihn nicht vergessen. Nicht seinen Mut und seine Pläne, einen neuen Clan in den Bergen zu begründen.
Seine Kinder sollten dort aufwachsen. Kinder, die ich gebären sollte, die ich empfangen habe, wenn wir uns vereinigten und in den großen Strudel eintauchten, den uns die Menschenmutter schenkte.
Nein! Nein! Tanea wusste nicht, ob sie dieses Nein laut gesprochen hatte. Jetzt griff sie unter die Felldecken und suchte nach dem kleinen Beutel mit den Kräutern und Samen, von denen sie auf Lutas Anordnung hatte essen müssen. Jeden Tag. Deswegen trug sie jetzt kein

Kind von Henek in ihrem Leib. Und ich werde auch keins von Taro zur Welt bringen, dachte sie. Sie fand den kleinen Beutel. Sie hatte die einzelnen Bestandteile geprüft. Wie lange wird der Rest, der noch vorhanden ist, reichen?

Sie schaute zu Luta und Sele, die sich leise mit Arun unterhielten. Ezuk und Taro waren nicht da. Tanea öffnete den Beutel. Sie kaute die bitteren Trockenkräuter und Samen lange, bevor sie sie hinunterschluckte. Dann schob sie den Beutel unter ihren Kittel.

Sie war Taro sehr zugetan, aber sie fürchtete sich vor dem Augenblick, in dem er sich zu ihr legen würde. Es war, als würde sie dadurch die Erinnerungen an Henek verlieren, die sie für immer festhalten wollte.

In dieser Nacht und auch in den folgenden blieb Tanea allein auf ihrem Schlafplatz. Ihr Kopf schmerzte von den Verletzungen durch die Eisbrocken. Fieber schüttelte sie wieder. Tanea aß kaum etwas. Wenn Luta ihr Tee brachte, der das Fieber senken sollte, trank sie durstig. Aber sie konnte ihre Gedanken nicht mehr zusammenhalten.

Schon Geschehenes und Zukünftiges vermischten sich zu wirren Träumen, denen sie nicht entfliehen konnte. Je schwächer sie wurde, desto heftiger nahmen die Fieberträume von ihr Besitz.

Ab und zu spürte sie Taros Hand, die ihre Stirn berührte, wenn er neben ihr saß. Es war eine kräftige, warme Hand und sie fühlte sich geborgen.

Die Tage wurden schon wieder länger und der strenge Frost ließ etwas nach. Das Eis, das den Fluss nun völlig bedeckte, knackte und brach an manchen Stellen, obwohl

die Eisdecke jetzt so dick war, dass es mühsame und harte Arbeit bedeutete, wenn die Männer ein Loch schlugen und an diesem Loch darauf warteten, dass sie einen Fisch erbeuten konnten.
Tanea wurde von Tag zu Tag schwächer. Da fasste Taro einen Entschluss: »Ich bringe Tanea zum warmen See. Dort wird sie wieder gesund. Dort wird sie den Winter überstehen. Hier stirbt sie wie so viele andere. Morgen breche ich mit ihr auf.«
Luta erschrak. »Wie soll sie den Weg schaffen? Sie ist zu schwach. Tiefer Schnee liegt . . .«
Taro sagte einsilbig: »Ich werde Tanea tragen.«
Luta schüttelte missbilligend den Kopf. Vorsichtig legte sie Brennholz auf die Feuerstelle. Es war wenig genug. Getrocknete Grasballen wurden dazwischengeschoben, um ein wenig zusätzliche Wärme zu gewinnen. So weit man durch den tiefen Schnee gehen konnte, war von den Frauen alles Holz gesammelt worden. Aber manche Feuer waren auch erloschen, weil niemand mehr da war, der ihnen Nahrung gab. Die Verluste durch Hunger und Kälte waren groß.
»Ihr werdet erfrieren und verhungern«, wandte Luta ein.
Taro lachte bitter. »Und hier? Ich will nicht untätig in der Höhle hocken und darauf warten, dass ich sterbe. Komm mit uns. Ezuk und Wigu werden im Frühjahr folgen, wenn . . .« Taro beendete den Satz nicht. Wenn sie den Winter überleben, hatte er sagen wollen.
»Ich muss hier bleiben«, sagte Luta. »Sie brauchen mich. Ich weiß bei vielen Krankheiten Rat. Und Kirka erwartet wieder ein Kind.«
»Es wird sterben wie die anderen auch, die in diesem Winter geboren wurden.«

Taro zeigte Luta zwei seltsame Geflechte aus gebogenen Weidenruten, die größer waren als seine Füßlinge. »Ich habe es versucht. Es geht. Wenn ich das unter die Füßlinge binde, sinke ich nicht ein im tiefen Schnee. Dann brauche ich nicht so viel Kraft und komme schneller voran.« Er legte noch zwei dieser Weidengeflechte dazu. »Für Tanea«, sagte er. »Vielleicht kann sie manchmal ein Stück laufen . . .«
Luta bezweifelte das. Aber da sie am Gesicht ihres Bruders ablesen konnte, dass sein Entschluss endgültig war, suchte sie zusammen, was die beiden mitnehmen mussten. Sie fand unter Taneas Sachen auch das Bernsteinamulett. Nachdenklich betrachtete sie das Schmuckstück, in dem ein kleines Insekt eingeschlossen war. Sie hatte nur bei Tanea je einen solchen Stein gesehen. Er war fremd – wie Tanea auch. Sie hob Taneas Kopf von den Schlaffellen und hängte ihr das Amulett wieder um den Hals. Dabei fiel ihr der Beutel mit der Medizin in die Hände, die sie Tanea im Sommer gegeben hatte, damit sie nicht schwanger wurde, bevor Henek sie an sein Feuer nahm. Der Beutel war fast leer. Sie ahnte, dass Tanea jetzt bewusst davon nahm. Jetzt will sie kein Kind.
Und wie schon so oft grübelte sie darüber nach, warum Taro das Mädchen an sein Feuer geholt hatte. Er war kein junger Mann mehr. In einem Winter, der so hart war wie dieser, war seine Gefährtin damals gestorben, nachdem sie ein totes Kind geboren hatte. Danach hatte er nie wieder mit einer Frau gelebt und war immer länger in den Bergen bei dem Alten geblieben, bis er schließlich nur noch an den Fluss kam, wenn es darum ging, die Rituale zu vollziehen. Was war in ihn gefahren sich jetzt

Tanea ans Feuer zu nehmen, die viel zu jung war für einen Mann wie ihn! Wollte er sie nur vor den anderen schützen? Das wollte ich auch, dachte sie. Sie sollte von mir lernen, wie man Krankheiten heilt, damit sie unentbehrlich wird für den Clan. Aber niemand, keine Frau und auch kein Mann, würde Tanea je um Hilfe bitten. Warum glauben sie, Tanea hätte ihnen Unglück gebracht? Weil sie anders aussah als die Leute des Clans? Weil sie helles Haar und hellere Haut hatte? Oder weil sie mehr erlebt hatte? Weil sie mit einem Wolf bei den Flussleuten ankam und mit den Pferden? Weil sie jagen konnte?

Soviel Luta auch darüber nachdachte, sie fand keine Antwort. Sie nahm aber den Beutel, den Tanea unter ihrem Kittel verborgen hatte, und füllte ihn wieder auf. Wenn Tanea gesund wird am warmen See, dann wird sie unter den Vorräten dort alles finden, um daraus selbst die Kräuter und Samen zu mischen, die sie braucht. Wenn sie es will. Sie hat so viel von mir gelernt, dass sie das kann.

Unter den Dingen, die Tanea in ein Bündel geschnürt hatte, fand Luta viele seltsame Dinge, die sie noch nie gesehen hatte. Davon brauchte Tanea jetzt nichts. Später einmal, im Frühjahr, werde ich ihr alles bringen, nahm sich Luta vor. Wenn die Menschenmutter mich diesen Winter überleben lässt. Sie wusste nicht, weshalb in ihr gerade jetzt der Wunsch entstand, zu leben. Weiterzuleben. Sie war in der letzten Zeit abgemagert und schwach geworden wie alle.

Manchmal hatte sie nur noch einschlafen wollen, um nicht mehr aufzuwachen. Aber jetzt dachte sie daran, wie schön es wäre, im Frühjahr in den Bergen zu sein.

Vielleicht musste sie dann nie mehr hierher zurück. Mit Taro und Ezuk waren zwei Jäger da, die für Nahrung sorgen konnten. Und mit Wigu, Tanea und ihr drei Frauen.
Taros Höhle war groß. Und wenn der Winter zu hart wurde, konnten sie am warmen See wohnen. Luta malte sich das Leben an den Bergen aus. Warm wurde ihr dabei und die trübe Todessehnsucht verschwand. Taro muss es schaffen, mit Tanea an den warmen See zu kommen, dachte sie. Ich werde ihnen alles mitgeben, was sie brauchen, um bis dorthin zu gelangen. In der Höhle am warmen See sind noch Vorräte, die zunächst reichen. Taro wird dafür sorgen, dass sie nicht verhungern. Er kennt sich aus in den Bergen . . .
Sie suchte die dicksten Beinlinge und eine warme Pelzjacke mit Kapuze für Tanea heraus. In die Fußlinge stopfte sie getrocknetes Gras. Auch Taros Kleidung überprüfte sie. Doch der hatte sich längst darauf vorbereitet, noch im Winter das Dorf am Fluss zu verlassen. Von dem wenigen Essbaren, das sie noch besaß, teilte sie ab, was Tanea und Taro zustand. Es war zu wenig. Sie gab noch eine reichliche Hand voll getrocknete Wurzeln und ein wenig körnig gewordenes Fett dazu. Es war von ihrem Anteil.
Als Ezuk, Taro und Arun noch vor der einbrechenden Dunkelheit zurückkamen, hatte Luta alles zurechtgelegt, was für den Aufbruch in die Berge am nächsten Morgen benötigt wurde. Die Männer brachten vom gemeinsamen Fang mit den anderen einen großen Fisch mit. Trotzdem reichte es nicht, um alle zu sättigen. Luta, Sele und Wigu einigten sich schnell, daraus eine Brühe zu bereiten, die wenigstens das Gefühl von Sattsein und Wärme vermittelte.

Sie banden Tanea, die kaum wusste, was geschah, auf Taros Rücken fest. »Sie ist leicht wie ein Kind«, sagte Taro. »Bis zum Abend werden wir eine Stelle erreichen, wo wir, vor Schnee und Wind geschützt, die Nacht verbringen können.«
Vor sich auf der Brust trug er einen ledernen Sack, der das Überlebensnotwendige enthielt. Wenig war es. Viel zu wenig, dachte Luta, die mit Ezuk und Wigu den beiden nachblickte. Wigu hustete wieder stark.
»Komm ins Warme«, sagte Luta. »Ich werde dir Kräuter auf die Brust legen und warme Steine an die Füße.«
Es wusste noch niemand, nicht einmal Ezuk, dass ihre Mondblutungen ausgeblieben waren. Sicher hätte Luta ihr dann eingeredet, dass sie kein Kind mehr bekommen soll, weil sie zu alt geworden war. Aber Wigu wollte das Kind. Seit sie wusste, dass sie schwanger war, fühlte sie wieder Kraft in sich. Es würde kein Ersatz für Henek sein. Aber ein Kind, das ihr und Ezuk gehörte, das an ihrem Feuer aufwachsen würde. Noch war es aber zu früh, um darüber zu reden. Wigu wollte ganz sicher sein und die Freude darüber noch eine Weile für sich behalten.
Sie ließ sich gern von Luta umsorgen. Luta wird mich verstehen, dachte sie. Ezuk ist ihr Sohn. Genau wie Arun. Sie verstand sich gut mit Sele und sie wurde traurig, wenn Sele und Arun stolz auf ihren Sohn Monk blickten. Der aber war seit Heneks Tod sehr ernst geworden. Vielleicht bedrückte ihn nicht nur der Verlust seines Freundes, sondern auch, dass im letzten Herbst keiner derjenigen, die das Alter erreicht hatten, zu den Männern aufgenommen wurde. Sie hatte gesehen, dass Taro lange mit ihm am Fluss gesessen und geredet hatte. Aber

sie hatte nie gesehen, dass er sich um ein Mädchen bemühte.
Nach Taros und Taneas Weggehen schien es ihr leer in der Höhle. Von ihrem Schlafplatz aus, den sie mit Ezuk teilte, konnte Wigu die Männer hören, die sich darüber unterhielten, wie gespalten der Clan war. »Sie halten nur zusammen, wenn es ihnen gut geht«, sagte Arun. »Ich werde es ablehnen, wenn sie mich zum Anführer des Clans wählen wollen. Du gehst weg, Ezuk. Dir hätten sie gehorcht.«
Ezuk stocherte mit einem dürren Ast in der niedergebrannten Glut herum. »Auch wenn ich hier bleibe, möchte ich nicht der sein, dem sie gehorchen. Sie kennen das nicht anders, seit Jaka sie geführt hat. Aber wo bleibt da ihr eigener Wille? Der Mond hat mehrmals sein Gesicht gewechselt, seitdem Jaka verbannt wurde. Aber sind sie selbstständiger geworden? Sie können sich nur verabreden, wenn es darum geht, Pferde zu töten oder eine Frau zu verletzen. Als ich ihnen vorschlug nicht untätig herumzusitzen, sondern wenigstens zu versuchen ein Wild aufzuspüren, verzogen sie sich an ihre Fischlöcher und warteten darauf, dass ein Fisch vorbeikommt.«
Ezuk schnaufte wütend. Monk bat durch ein Handzeichen darum, etwas sagen zu dürfen. »Ich wäre mit dir gegangen, Ezuk. Das weißt du. Ich habe Taro gefragt, ob ich zu ihm in die Berge kommen darf, wenn ich zu den Männern gehören werde. Warum gehen wir nicht alle dorthin? Du auch, Arun, und du, Mutter.«
Monk drehte sich zu Sele um, die mit Luta hinter den Männern saß und die Hände im Schoß hielt. Sie hatte sich in ein warmes Fell gehüllt und schaute erschrocken

auf, als ihr Name genannt wurde. Doch dann nahm sie allen Mut zusammen und sagte: »Ich würde gern diesen tückischen Fluss verlassen, der alle unsere Toten wegtragen wird, wenn das Eis geschmolzen ist. Unter denen, die diesen Winter überleben werden, sind viele, die hart und zänkisch geworden sind. Ich werde nicht vergessen können, wie sie sich um das Wenige geprügelt haben. Luta denkt wie ich.«

Arun konnte nicht so schnell umdenken. »Ich kenne nur das Leben am Fluss«, sagte er. »Selbst als ich einen Winter bei Ezuk und Tanea in ihrem Tal lebte, habe ich mich hierher zurückgesehnt. Mit meinem Boot fühle ich mich sicher und frei.«

Ezuk nickte zustimmend. »Mir ging es auch so. Ich sehnte mich nach dem Fluss und meine Gedanken waren oft hier, auch wenn ich woanders lebte. Aber ich habe gelernt mit den Pferden zu leben. Sie geben dir auch Sicherheit und machen dich frei. Ich weiß es.«

»Taneas Pferde sind tot«, sagte Arun.

Wieder hob Monk die Hand, damit die anderen ihm zuhörten. »Henek erzählte mir, wie viele Pferde es dort in einem Tal gibt. Er hatte aus der Herde Pferde herausgeholt. Wir könnten das auch tun.«

Wigu hörte mit einem wohligen Gefühl den Gesprächen zu. Selbst als Ezuk später zu ihr unter die warmen Felle kam und das Feuer nur noch so glomm, dass es am nächsten Morgen leicht wieder zu entzünden war, konnte sie nicht einschlafen. Sie war sicher, dass sie, wenn der Winter zu Ende ging, nicht allein mit Ezuk und Luta in die Berge gehen würde. Aber sie würden noch oft abends am Feuer sitzen und darüber reden. Es musste alles gut bedacht werden.

Taro stapfte mit seiner Last bergauf. Jeder Schritt bedeutete eine Anstrengung.
Zweimal schon hatten sie nachts Unterschlupf unter überhängenden Felsen gefunden. Taro hatte, so gut es ging, Schnee als Schutz aufgetürmt und für sich und Tanea ein Lager gemacht.
Vor sich sah er eine weitere Möglichkeit für ein Nachtlager, auch wenn er sich nur eine kurze Rast gönnte. Er wollte, so schnell wie möglich, den warmen See erreichen.
Er legte Tanea vorsichtig hin und zog ihr die Kapuze vom Gesicht. Dann streifte er die Fäustlinge von ihren Händen und rieb sie zwischen seinen, damit sie warm wurden. Er fror nicht. Die Anstrengung des ständig aufsteigenden Weges trieb ihm den Schweiß ins Gesicht. Er legte sein Ohr an Taneas Mund und horchte auf ihren Atem. Zufrieden darüber, dass sie auch den heutigen Tag überlebt hatte, stülpte er ihr die Kapuze wieder über das Gesicht und kratzte eine Stelle vom Schnee frei. Er hatte unterwegs ein paar trockene Äste gefunden. Feuersteine und trockener Zunder waren auch in dem Bündel, das Luta für ihn gepackt hatte.
Er wollte versuchen die gefrorenen Krümel Fleisch und Fett aufzutauen und sie Tanea in den Mund zu schieben. Sie hatte nichts gegessen, seit sie aufgebrochen waren. Er war sicher, dass Tanea nicht einmal bemerkte, was mit ihr geschah.
Der Zunder wollte nicht brennen. Immer wieder blies der Wind das winzige Flämmchen aus. Taro baute einen schützenden Wall um die kleine Feuerstelle, indem er Steinbrocken darum legte, die er unter dem schmalen Fels fand, unter dem er Schutz gesucht hatte. Es war eine gute

Stelle zum Übernachten. Taro war sicher, er würde in dieser Nacht etwas Schlaf finden.
Durch das mühsame Feuermachen hatte Taro nicht auf Tanea geachtet. Er fuhr regelrecht zusammen, als sie sich aufrichtete und fragte: »Wo sind wir, Taro?«
Ihre Stimme war leise und matt. Aber ihre Augen waren klar und er sah, dass sie begriff, was er ihr sagen würde.
So kurz es ging, schilderte er seinen Entschluss, sie an den warmen See zu bringen.
Tanea nickte. »Aber der Weg ist weit«, sagte sie. »Wie bin ich bis hierher gekommen?«
»Ich habe dich getragen. Und jetzt musst du etwas essen.«
Tanea bemühte sich die gefrorenen Krümel zu schlucken, aber sie brachte nichts hinunter. Da kaute Taro die winzigen Fleischbrocken mit dem Fett und den Wurzelstückchen zu einem Brei und fütterte Tanea damit wie ein kleines Kind. Sie schluckte gehorsam.
Nur einen ganz kleinen Teil nahm Taro für sich, obwohl es ihm sehr schwer fiel, nicht alles selbst hinunterzuschlingen.
Als die wenigen Ästchen verbrannt waren, schob er Tanea so weit unter den Felsvorsprung, dass sie kaum noch vom scharfen Wind gestreift wurde. Dann legte er sich schützend vor sie und schlug die Felldecke um sich und Tanea. Wenig später spürte er, dass sie eingeschlafen war.
Am nächsten Morgen weigerte sich Tanea, auf seinem Rücken getragen zu werden. »Ich werde laufen, solange ich kann«, sagte sie.
Taro band ihr die rund gebogenen Weidengeflechte unter die Füßlinge, die sich bei seinem Marsch in die Berge schon gut bewährt hatten. Sie verhinderten, dass

man im tiefen Schnee einsank. Taro lud sich das Gepäck auf den Rücken. Er war froh darüber, dass Tanea sich ein wenig erholt hatte. Wenigstens eine Weile würde sie selbst laufen können und dadurch warm bleiben.
Beim Laufen kam auch wieder Farbe in ihr blasses Gesicht. Sie schnaufte vor Anstrengung, lief aber tapfer in seiner Spur. Der Himmel war verhangen, und das war gut so, denn die Sonne auf dem Schnee blendete und schadete den Augen. Andererseits konnte der dunkle Himmel weitere Schneefälle bringen. Sie mussten sich beeilen, um den warmen See zu erreichen.
Als Tanea vor Müdigkeit fast umfiel, machten sie eine kurze Rast. Dann lud sich Taro das Mädchen wieder auf den Rücken. Tanea schlief sofort ein. Aber Taro lief trotzdem, als habe er eine Last hinter sich lassen können. Er wusste jetzt, Tanea würde wieder gesund werden. Sie war zäh und ausdauernd und lief jeden Tag ein wenig länger. Endlich sahen sie vor sich den Nebel aus dem Talkessel aufsteigen.
Die ersten Tage schlief Tanea meistens. Taro hatte auch das Bedürfnis, auszuruhen. Es war nicht nötig, dass er sich sofort aufmachte, um Nahrung und Brennholz herbeizuschaffen. Luta hatte noch nie diese Höhle verlassen, ohne dafür zu sorgen, dass genügend Vorräte zurückblieben. Sie war auch im vergangenen Sommer fleißig gewesen. Getrocknete Wurzeln und Kräuter waren in den Vorratskörben. Auch Fleisch und Fett hatte sie haltbar gemacht. Brennholz lag aufgestapelt, neben das sie die ausgekochten Knochen gehäuft hatte, die auch gut brannten. Gegen die schlimmen Hungertage und die Kälte in den Höhlen am Großen Fluss kam Taro dies vor, als träume er. Er löste die Verkrampfungen seiner Mus-

keln durch Bäder im warmen Wasser, dann bereitete er einen Brei aus getrockneten Kräutern und Beeren, den er auf die Frostbeulen an seinen Füßen legte. Er wusste aus Erfahrung, dass das helfen würde. Am zweiten Tag trug er Tanea zum See und zog ihr den Kittel und die Beinlinge aus. »Geh ins Wasser, Tanea. Es wird dir gut tun. Ich bleibe hier und passe auf.«

Tanea tastete sich auf wackligen Beinen ins Wasser. Sie spürte die wohlige Wärme und setzte sich einfach hin. Dann tauchte sie mit dem ganzen Körper unter und wäre lange so sitzen geblieben, fast ohne zu denken, wenn Taro sie nicht wieder weggetragen hätte. Sie aß von dem, was Taro auf dem Feuer zubereitete, trank vom klaren, kalten Wasser der Quelle – und träumte.

Aber von Tag zu Tag gewann sie wieder an Kraft. Sie lief bald selbst zum See, um zu baden, und nahm Taro kleine Arbeiten ab. Sie sprachen wenig. Dadurch kamen die Gedanken wieder, die Erinnerungen. Und endlich konnte Tanea weinen.

Taro hörte sie schluchzen und legte sich zu ihr. Er nahm sie in die Arme und streichelte ihr Gesicht. Sie spürte die Wärme seines Körpers und verkrampfte sich. Taro ließ nicht nach, ihr seine behutsamen Zärtlichkeiten zu geben.

»Du brauchst keine Angst zu haben, Tanea. Es ist auch nicht nötig, dass du jeden Tag deine Medizinkräuter kaust. Ich habe dich zur Hüterin meines Feuers gemacht, um dich zu schützen. Aber ich verlange nicht, dass du mit mir lebst wie eine Gefährtin, die mir Kinder schenkt.«

Tanea konnte sich noch lange nicht beruhigen. »Woher weißt du das mit den Kräutern?«

Taro lachte ein bisschen. »Ich kenne alle Geheimnisse. Das weißt du doch. Also hebe deine Medizin für den auf, der junge Lenden hat und dem du so gern gehören willst wie Henek.«

Tanea setzte sich kerzengerade auf. Er sah ihren schmalen Körper gegen den Schein des Feuers und er sah auch, wie ihre Schultern zuckten.

»Ich wollte dir nicht wehtun, Tanea. Du sollst nur wissen, dass du mich nie zu fürchten brauchst. Und wenn du mich einmal verlassen willst, dann sag mir das. Die Menschenmutter hat dich nicht dafür geschaffen, mit einem alten Mann das Lager zu teilen.«

Tanea legte sich wieder neben Taro. Eine tiefe Ruhe kam über sie, als er den Arm um sie legte. Sie wusste, dass sie ihm vertrauen konnte.

Wenn Tanea allein blieb, weil Taro jagte, dann versuchte sie sich vorzustellen, wie es sein würde, wenn Ezuk und Wigu auch hier in den Bergen lebten. Es schmerzte sie ein wenig, dass Ezuk nicht mehr ihr allein gehörte wie damals, als sie noch ein Kind war und mit ihm im Tal lebte. Manchmal wünschte sie, Jonk und Kirka wären nie in dieses Tal gekommen und sie hätte nie andere Menschen kennen gelernt. Ob sie dann Ezuks Gefährtin geworden wäre?

Aber gleich danach verwarf sie diesen Gedanken wieder. Nein, wenn sie Ezuk nicht ins Dorf am Großen Fluss begleitet hätte, dann wäre sie Henek nie begegnet. Und allen anderen, die sie liebte, auch nicht. Und Ezuk würde immer noch auf die Krücken angewiesen sein, mit denen er sich nur so mühsam hatte fortbewegen können.

Sie machte sich auch Gedanken über Taro. Er hatte ihr

erzählt, wie er bei dem Alten gelebt hatte, der jetzt tief im Inneren der Felsen in einer Höhle ruhte. »Warum hast du ihn nicht zum Fluss getragen? Er wird nie bei den *Anderen* ankommen!«

»Es gibt viele Wege zu den *Anderen«*, hatte Taro gesagt. Und dann sprach er davon, dass die Frau, die sein Feuer gehütet hatte, nicht im dunklen Felsen begraben lag. »Sie und das Kind, das nicht lebend geboren wurde, habe ich in die Erde gelegt. Sie sind inzwischen wieder zu Erde geworden. Auch das ist ein Weg, zu den *Anderen* zu gelangen. So wie Heneks Geist bei dir ist, so ist ihrer bei mir. Man kann an sie denken, aber nicht mehr mit ihnen reden.«

»So weiß ich es auch von Ezuk. Er sagte das von meiner Mutter. Aber ihr Geist ist in der Wölfin, die mich oft beschützt hat, als ich noch ein Kind war in unserem Tal.«

Oft saßen sie zusammen und redeten. Es war, als sei schließlich ein Bann gebrochen, der die Gedanken zusammenführte. Taro legte sich abends wie selbstverständlich neben Tanea und sie kuschelte sich in seinen Arm. Dann sprach er in der Dunkelheit von vielen geheimnisvollen Dingen und Tanea hörte aufmerksam zu.

»Du warst damals in der Höhle der Menschenmutter«, sagte Taro. »Sie hat dich angenommen als eine Frau, die ihr dienen soll. Warum zürnst du ihr jetzt? Du solltest versuchen dir mehr Wissen anzueignen, nicht nur das, wie man einen Husten heilt oder eine Wunde verbindet.«

»Sie hat mich bestraft«, sagte Tanea heftig. »Sie hat zugelassen, dass Henek getötet wurde. Und mein Wolf, meine Pferde . . .«

Taro legte ihr die Hand auf den Mund. »Sei still, Tanea. So darfst du nicht über die Menschenmutter sprechen. Nicht sie war es, die dir alles genommen hat, was du liebtest. Das waren Menschen, wie Jaka einer ist. Du hast dich von der Mutter aller Menschen abgewendet, wie ich mich vom Großen Höhlenbären trennen wollte. Aber ich habe auf dem langen Weg durch den Schnee und das Eis geschworen, wenn ich dich am Leben erhalten kann, werde ich dem Großen Bären wieder das sein, was ich einmal war, der Mann, der die Geheimnisse seines Clans bewahrt.«

Darüber dachte Tanea lange nach. Taro hat sich also auch vom Geist des Großen Höhlenbären abgewendet, so wie sie sich von der Menschenmutter. War es das, was das Unglück über den Clan gebracht hatte? Sie versuchte sich zu erinnern, was sie der Menschenmutter in der Höhle geschworen hatte. Aber es erschienen nur undeutliche Bilder in ihrer Erinnerung.

Es geschah jetzt immer öfter, dass sie an die Wölfin dachte, in der der Geist ihrer Mutter wohnte. Sie träumte auch von ihr. Doch dann verschwamm ihr Traumbild zu den Gesichtern von Mognu, der alten Schamanin, und von Luta. »Geh dorthin, wo du keine Fremde bist, Tanea! Sie brauchen dich.«

Über solche Traumgedanken erschrak Tanea. Warum sollte sie weggehen? Hier unter den Dampfwolken des warmen Sees fühlte sie sich geborgen. Bei Taro fühlte sie sich sicher. Ihr war nicht ein einziges Mal in den Sinn gekommen nach oben zu steigen, um in den Himmel zu schauen. Sie wagte nicht einmal mit Taro über ihre Träume zu sprechen.

Taro spürte ihre Unruhe. »Hast du kein Vertrauen zu mir?«, fragte er vorwurfsvoll. »Was bedrückt dich?«

Tanea erzählte ihm ihre Träume nicht. Aber sie fragte nach dem Fremden, den er gesehen hatte. »Sie hatten das Fleisch der Mammute. Damit sind sie weitergezogen. Wohin, Taro? Hatte der Fremde wirklich so helles Haar wie ich? Und . . .«
Taro sah sie mit einem seltsamen Blick an. »Ist es das, was dich traurig macht? Willst du dorthin, wo die leben? Willst du zu den Menschen, bei denen du geboren wurdest? Zum Wolfsclan?«
»Ich träumte, sie würden mich brauchen«, sagte Tanea leise. »Aber vielleicht wünsche ich mir nur, gebraucht zu werden.«
Taro strich ihr behutsam übers Haar. »Der Winter ist vorüber«, sagte er. »Bald werden Luta, Ezuk und Wigu zu uns kommen. Wir wollen hören, was sie dazu sagen.«

In der Sonne war es warm. Tanea fühlte sich von Tag zu Tag kräftiger und duldete es nicht, wenn Taro sie schonen wollte. Sie waren in die Höhle in den Bergen zurückgekehrt und Tanea bereitete alles für die Ankunft von Luta, Wigu und Ezuk vor. Ob sie den Winter überlebt hatten?
Sie bemerkte wohl, wie mager sie geworden war, obwohl sie nicht mehr hatte hungern müssen, seit sie am warmen See angekommen waren. Auch Taro sah man den harten Winter an. Sein Haar und der Bart waren eisgrau geworden. Er war noch nie ein Mann gewesen, der zu viel Fleisch auf den Knochen hatte. Aber in diesem Winter war er hager geworden und tiefe Falten zerfurchten sein Gesicht. Nur seine Augen waren wie immer: freundlich und forschend, so, als könne er alle Gedanken erraten, die Tanea durch den

Kopf gingen. Manchmal wünschte Tanea, er wäre kein Mann, der alle Geheimnisse des Clans kennt. Sie fühlte sich zu oft durchschaut.
»Vermisst du die Pferde?«, fragte er, als sie über die Wiesen, die nun langsam wieder grün wurden, zum Tal hinunterschaute. »Die Pferde überwintern viel weiter unten. Dort finden sie selbst im strengsten Winter unter dem Schnee noch Futter. Gedulde dich noch, sie kommen wieder.«
Er trat neben Tanea, die im letzten Jahr noch gewachsen war. Sie war nun fast so groß wie er. Auch das Haar fiel wieder lang über ihre Schultern. Sie trug es offen und hielt es nur mit einem schmalen Lederriemen aus der Stirn. Sie ist schön, dachte Taro. Und dann kam die Trauer wieder, die ihn immer befiel, wenn er an den Abschied dachte, der diesen Sommer überschatten würde. Sie wird weggehen. Und ich werde ihr den Weg zeigen, damit sie nicht neben mir alt werden muss. Ich kann sie nicht immer schützen. Sie wird zum Wolfsclan finden.
Tanea sagte: »Die Pferde meine ich nicht, Taro. Im vorigen Sommer standen andere da. Meine Stute und das Fohlen. Ezuks Hengst und die neuen aus der wilden Herde. Werdet ihr dieses Jahr welche einfangen, Ezuk und du?«
»Ja«, sagte Taro einfach. Er wusste, woran Tanea dachte. Sie meint den Hengst, den Henek für sich aus der Wildpferdherde geholt hatte. Alles hier erinnert sie an Henek. Sie darf nicht in diesen Erinnerungen versinken. Noch diesen Sommer muss sie weggehen.
Er konnte nicht weiter darüber nachdenken, was geschehen würde. Zuerst sahen sie nur kleine Punkte, die immer

größer wurden, dann kam eine Gruppe Menschen über den Pass. Taro erkannte Ezuk und Luta, dahinter Wigu und Sele und hinter ihnen Arun und Monk. Sie zogen auf Rutschen schwere Lasten hinter sich her und kamen nur langsam voran.
»Sieh nur, Taro! Sieh!«, rief Tanea, außer sich vor Freude. »Sie leben, und sie kommen zu uns!«
Sie rannte den schmalen Pfad von der Höhle hinunter und war viel eher als Taro bei den anderen. Luta ließ alles fallen, was sie trug. Sie umarmte Tanea und in ihren Augen schimmerten Tränen.
»Ich wusste, du würdest den Winter überleben. Und nun sind wir gekommen. Arun, Sele und Monk sind . . .«
Aber Tanea hatte die anderen längst gesehen. Groß und schlank stand sie da und hieß die Ankömmlinge willkommen. Ihre Augen strahlten vor Glück.
»Gibt es die andere Höhle noch, die am Fuße der Felsen?«, fragte Arun. »Ich denke, es wird zu eng, wenn wir alle bei dir unterkommen wollen.«
Taro nickte zustimmend. »Ihr müsstet sie aber von dem Geröll befreien, das sich mit den Jahren dort angesammelt hat. Du kannst dich noch daran erinnern? Es ist lange her, dass du mit Ezuk dort Unterschlupf gesucht hast.«
»Wir haben es nicht vergessen«, sagte Ezuk. »Dort wäre viel Platz. Es ist nicht die einzige Höhle, die Menschen Sicherheit bieten kann.«
Tanea sah, dass sich Wigus Leib rundete. Schmerzlich zog sich ihr Herz zusammen und klopfte hart gegen ihre Brust. Wigus und Ezuks Kind wird über diese Wiesen laufen, dachte sie. Und ich werde an Henek denken.

Aber meine Gedanken verblassen schon. Ich kann mir manchmal kaum noch sein Gesicht vorstellen. Es verschwimmt mit dem von Ezuk und Taro. Nur meine Gefühle für Henek sind anders. Aber sie sind jetzt nicht mehr wirklich.

Sie nahm Wigu das schwere Bündel ab und sagte: »Du wirst dich ausruhen müssen. Komm, ich zeige dir, wo du dich hinlegen kannst.«

Mit Luta und Wigu stieg sie den schmalen Pfad zur Felsenhöhle hinauf. Die Männer blieben zurück. Sie wollten sofort den Zustand der Höhlen am Fuße der Felsen prüfen. Tanea wusste, dass diese Höhlen bald hergerichtet sein würden. Und sie war froh darüber, nicht ständig Wigu und Ezuk beobachten zu müssen. Luta aber wollte sie gern bei sich haben. Und so bot sie Luta den schönsten Schlafplatz an, den sie vorbereitet hatte.

Tanea bemerkte sehr wohl die Blicke, mit denen Monk sie ansah. Er schaute verliebt wie einer, der sich Hoffnung machte. Es gibt bei den Flussleuten bestimmt ein Mädchen, das er an sein Feuer holen kann, wenn er zu den Männern gehören wird, dachte sie. Ich will es nicht sein.

Sie dachte nun immer öfter an ihren Traum. Sie wollte zu ihrem Clan.

»Sie brauchen mich«, sagte sie zu Luta, der sie nach langem Überlegen diesen seltsamen Traum erzählt hatte. »Ich spüre es.«

Luta wusste es längst. Taro hatte ihr erzählt, welche Unruhe Tanea in sich trug. »Wir werden die Menschenmutter um Rat bitten«, sagte Luta. Und ich muss dir noch viel beibringen, fügte sie in Gedanken hinzu. Sie werden

froh sein eine Frau in ihrem Clan zu haben, die heilen kann.
Die anderen hatten sich schnell in den Höhlen eingerichtet, die besser zu erreichen waren als die Taros. Diese Höhlen führten zwar nicht so tief in den Berg, aber das störte weder Wigu noch Sele. Sie hatten erschauernd nachts ihre Felldecken über den Kopf gezogen, wenn aus dem Felsspalt Geräusche kamen, an die Tanea sich längst gewöhnt hatte.
Die Männer brachten von ihren Jagdausflügen reichlich Beute mit. Durch das gute Essen wurden die ausgemergelten Gesichter wieder voller und die Körper kräftiger. Tanea genoss die Nähe und den Abstand. Ernsthaft lernte sie bei Luta, die mit ihr viel unterwegs war. Sie lehrte Tanea aber auch, was sie über die Geheimnisse wissen musste, die Rituale und die Beschwörungen.
»Die Menschenmutter ist überall, Tanea«, antwortete sie auf die Frage, ob es bei jedem Clan eine Höhle gab, in der die Menschenmutter sich offenbare. »Es ist möglich, dass sie anders genannt wird, wie bei den Pferdeleuten. Wie sagte Mognu? Große Erdmutter?«
Tanea nickte. »Mognu befragte ihre Knöchelchen, bevor die Männer zur Jagd auszogen. Selbst der Anführer der Pferdeleute gab etwas auf ihren Rat. Als er einmal dagegen handelte, kam der große Wirbelsturm und brachte Unheil . . .«
»Mognu wird wohl nicht nur ihre Knöchelchen befragt haben«, meinte Luta. »Sie ist eine kluge Frau. Die Zeichen des Himmels, der Sterne und des Mondes, die Winde und die Erde werden ihr ebenso viele Hinweise gegeben haben. Hast du nicht selbst beobachtet, dass vor dem Ausbrechen des schrecklichen Sturmes die

Tiere unruhig waren und alles um dich herum zu verstummen schien?«

Tanea erinnerte sich daran. »Siehst du, deshalb musst du immer alles aufmerksam beobachten. Ich sagte dir schon, zu welchen Zeiten du Wurzeln graben und Kräuter pflücken musst. Genauso musst du auf die Zeichen der Wolken und des Windes achten. Sieh dir diese an, die aussehen wie das Wollgras, das in den sumpfigen Wiesen in den Flussauen wächst . . .«

Es war schön, den Belehrungen Lutas zu lauschen und zu lernen. Manchmal vergaß Tanea dabei, dass sie von hier weggehen wollte.

Luta vergaß es nicht.

»Wenn der Mond rund geworden ist, werde ich mit dir zur Menschenmutter gehen.«

Noch war der Mond eine schmale Sichel. Und wenn tagsüber die Sonne am Himmel stand, waren die Gedanken bei den alltäglichen Arbeiten. Tanea wartete mit den Frauen auf die Heimkehr der Männer, die aufgeregt davon berichteten, dass die Pferde jetzt wieder auf den Hängen weideten. Und sie stellte überrascht fest, dass Monk genauso gerne einen Hengst aus der Herde holen wollte wie Henek im letzten Sommer. Nur nicht diesen, dachte sie. Nur nicht den, den Henek sich ausgesucht hatte. Der soll für immer bei der Herde bleiben. Ich könnte es nicht ertragen, wenn ein anderer ihn berührt.

Nachts legte sie ihren Kopf in Taros Arm. Sie wusste, die Menschenmutter würde sie ziehen lassen. Nicht umsonst hatte sie ihr diesen Traum geschickt, der jetzt immer öfter kam. Von einem riesigen Wasser träumte sie auch und von einem Boot, das sie zu einer Insel in diesem Wasser brachte. Wohnte dort auch die Menschenmutter?

»Die Menschenmutter ist überall, Tanea!« Es war Lutas Stimme und es war die Stimme aus ihrem Traum.
Im Traum erhielt sie keine Antwort. Aber sie erblickte eine freundliche Gegend mit weiten Wiesen und sanften Hügeln. Lebten hier die Menschen des Wolfsclans?
Menschen sah sie in ihren Träumen nicht. Auch wenn sie wach war und neben sich Taros ruhiges Atmen hörte, versuchte sie sich die Menschen des Clans vorzustellen, bei dem sie geboren worden war. Sie sehen aus wie ich, dachte sie. Aber Tanea wusste nicht, wie sie aussah. Manchmal hatte sie versucht ihr Bild im Fluss zu erkennen. Aber die Wellen kräuselten das Wasser und verwischten das Gesicht.
Je näher die Nacht kam, in der der Mond voll wurde, desto klarer wusste Tanea, welche Antwort die Menschenmutter für sie haben würde.

Außer Taro und Luta wusste niemand von ihrem Vorhaben. Selbst Ezuk nicht, dem sie sonst alles anvertraut hatte. Tanea schmückte sich für die Menschenmutter. Sie zog den weichen Kittel an, den sie unter Lutas Anleitung selbst genäht hatte. Er war schön geworden. Dann streifte sie über die Oberarme die Armbänder aus Flussmuscheln, ein Geschenk Lutas. Durch den Bernstein hatte sie einen sauberen dünnen Lederstreifen gezogen. Selbst die Füßlinge waren neu. Luta betrachtete sie wohlwollend.
Luta ging diesmal allein mit Tanea in den Berg. Taro war wohl absichtlich der Höhle fern geblieben. Als Tanea nach ihm fragte, gab Luta ihr zur Antwort: »Es geht dich an. Taro fragt den Großen Höhlenbären, wenn er Antworten haben will.«

Luta ging mit sicheren Schritten vor Tanea durch die engen Gänge. Wie Taro leuchtete sie mit einer Fackel aus fest zusammengedrehtem, trockenem Gras, das mit Fett getränkt war. Sie hielt die Fackel dicht an die Felswände, wenn sie das Zeichen sehen wollte, das ihnen den Weg wies. Tanea schien es, als wären sie diesmal nicht so lange gelaufen wie bei ihrem ersten Besuch in der Höhle. Luta bückte sich und stieg durch den niedrigen Eingang. Tanea folgte ihr mit klopfendem Herzen.

Luta entzündete die kleinen Fettlampen, die schon beim ersten Mal auf der steinernen Platte gestanden hatten. Sie winkte Tanea näher heran. Zögernd ging Tanea zu Luta, die jetzt aus einem weichen Leder die Statue auswickelte und auf die steinerne Platte legte. Als Tanea erschrocken zurückweichen wollte, lachte Luta leise.

»Du brauchst keine Angst zu haben. Dies ist nicht die Menschenmutter, sondern ein Abbild von ihr, so wie sie sich die Menschen seit Urzeiten vorstellen. Nimm sie in die Hand, Tanea.«

Tanea wagte kaum zu atmen. Sie streckte ihre Hand nach der Statue aus und fühlte die glatte Oberfläche. Dann zog sie mit dem Zeigefinger der anderen Hand die Linien nach: den Kopf, der nur die Andeutungen eines Gesichtes zeigte, die Arme, die üppigen Brüste, den Schoß, der übergroß war.

»Wird die Menschenmutter mir zürnen, weil ich sie anfasste?«

Wieder lachte Luta leise. »Bei den Ritualen wird sie wirklich«, erklärte sie. »Wir Menschen sehen das, was wir sehen wollen. Aber jetzt ist es nur ein Stück Mammutstoßzahn, aus dem vor vielen Jahren jemand das Abbild der Menschenmutter geschnitzt hat.«

Vorsichtig stellte Tanea die Statue auf die steinerne Platte zurück. Luta legte das weiße Fell daneben, das silbern glänzte wie der Mond. »Warum habe ich dann aber, als wir das erste Mal in der Höhle waren, die Menschenmutter gesehen? Sie hat zu mir gesprochen. Ist sie in diese Statue hineingeschlüpft? Kann sie das?«

»Ich wollte dir damit nur zeigen, dass die Menschenmutter überall ist, so wie der Große Höhlenbär überall ist. Wenn du ihren Rat brauchst, musst du nicht hierher kommen. Du kannst sie rufen und sie wird dir antworten. Ich werde dir später erklären, was du tun musst, um ihre Worte in dir zu hören. Aber heute sollst du deine Frage noch einmal hier an die Menschenmutter richten. Komm, trink dies, Tanea. Du wirst dann einen Traum haben . . .«

Tanea schien das alles jetzt schon so unwirklich. Sie nahm aus Lutas Hand einen Knochenbecher, der eine bittere Flüssigkeit enthielt, und trank. Luta reichte ihr die Statue und legte das weiße Fell um ihre Schultern. Die Statue wurde warm in ihren Händen, fast lebendig.

»Soll ich hier weggehen?«, fragte Tanea. Sie wusste nicht, ob sie die Frage laut aussprach oder nur dachte. »Es ist schön hier. Und alle sind freundlich. Warum soll ich sie verlassen?«

Lutas und Mognus Gesichter schienen sie von der Felswand her anzusehen. Auch das andere Gesicht war da, an das sie sich nur undeutlich erinnerte. Und dann war das Heulen der Wölfin in ihr, das sie durch ihre Kindheit begleitet hatte.

»Sie brauchen mich?«, fragte Tanea und gab damit selbst ihren Fragen eine Antwort.

Wie lange sie in diesem seltsamen Zustand war, den sie

sich nicht erklären konnte, wusste sie nicht. Sie spürte nur, dass Luta ihr das Fell von den Schultern nahm und die Statue wieder auf die Steinplatte stellte.
»Komm jetzt, Tanea. Du hast deine Antwort bekommen.« Luta stand am Ausgang der Höhle und hatte die Fackel wieder in der Hand.
Tanea murmelte: »Sie brauchen mich. Aber warum?« Schweigend ging sie hinter Luta her. Sie war verwirrt. Luta behauptete, die Statue sei nur ein Abbild. Warum war es dann wenig später so, als sei die Menschenmutter in der Höhle und antworte auf ihre Fragen?
Sie waren wieder in der Wohnhöhle. Das Feuer war niedergebrannt und Luta legte Holz auf, um es nicht ganz ausgehen zu lassen. Dann trat sie zu Tanea, die sich vor der Höhle auf einen Stein gesetzt hatte. Es war inzwischen tiefe Nacht geworden. Am klaren Himmel standen Sterne und der Mond schickte sein silbernes Licht über die Berge und die Wiesen.
In Tanea war eine Traurigkeit, die sie sich nicht erklären konnte.
»Wo finde ich die Leute vom Wolfsclan?«, fragte sie verzagt. »Sie werden mich fortschicken wie eine Fremde.«
Luta stand hinter ihr und legte die Hände auf Taneas Schultern.
»Taro wird dir zeigen, wohin sie gingen. Du wirst keine Fremde sein, weil du aussiehst wie sie. Aber du wirst nicht gleich verstehen, was sie dir sagen.«
Tanea nickte. »Die Pferdeleute haben auch andere Worte für alles. Aber ich habe gelernt sie zu verstehen.«
Luta dachte an das, was ihr Taro erzählt hatte. Er war einem Mann aus dem Wolfsclan begegnet, der seinen

Leuten folgte. Sie hatten die Mammute gejagt, weil sie hofften mit diesem Fleischvorrat über den Winter zu kommen. Dort, wo sie bisher gelebt hatten, konnten sie nicht bleiben, weil durch starke Regenfälle Erdrutsche ihre Höhlen verschüttet hatten und viele Clanleute in den schlammigen Erdmassen gestorben waren. Es war ein trauriger Zug gewesen, der eine neue Heimat suchte. Kranke waren dabei, ausgehungerte Männer, Frauen, Kinder und Alte.

Taro hatte all das erfahren, als er versuchte mit dem Mann zu reden. Er war verletzt und brauchte Hilfe. Es waren Worte gewesen, die anders klangen als die der Flussleute. Aber durch Zeichen und Gesten hatten sie sich doch verständigen können. Taro hatte versucht so viel wie möglich zu erfahren.

Taro ahnte, wo sie sich niederlassen würden. Viele Tagesmärsche entfernt, dort, wo die Sonne abends unterging, würden sie zumindest den Winter verbracht haben. Dort hatten schon einmal Menschen gelebt, die aber irgendwann weitergezogen waren. Vielleicht war ihnen das Land an diesem großen See zu sumpfig gewesen. Konnte sein, sie hatten bessere Stellen gefunden, feste Höhlen, die mehr Schutz boten. Wer weiß.

Tanea hatte Luta von dem Traum erzählt, in dem sie einen See gesehen hatte und eine Insel darin. Es war eine freundliche Gegend gewesen, aber in Taneas Traum kamen keine Menschen vor.

Luta lächelte. Ich habe so oft und so viel an Taros Bericht von der Begegnung mit diesem Mann vom Wolfsclan gedacht, dass Tanea meine Gedanken denkt. Sie kann nicht mehr auseinander halten, was ihre Wünsche und was meine Gedanken sind. Aber das ist auch gleichgültig. Ich muss sie gehen lassen, damit sie ihre Erfahrungen allein macht. Sie hätte sonst immer Sehnsucht nach ihren Träumen. Und hier würde sie sich nach Henek sehnen und nie einem Gefährten an sein Feuer folgen. Luta wusste, dass Taro nicht dieser Gefährte für Tanea sein konnte.

»Du kannst zurückkommen, wenn du nicht alles so vorfindest, wie du denkst«, sagte Luta in die Dunkelheit hinein. »Hier wirst du immer willkommen sein.«

Tanea schmiegte ihren Kopf in die Hände Lutas. »Du wolltest mir sagen, was ich tun muss, wenn ich die Menschenmutter um Rat bitten will. Ich werde morgen von hier weggehen.«

Luta zuckte zusammen. So bald schon? In diesem Augenblick hätte sie Tanea gern für immer festgehalten. Oftmals in diesem letzten Jahr hatte sie sich gewünscht Tanea für immer bei sich behalten zu können, wie eine eigene Tochter. Sie wusste, dass der Clan eine Nachfolgerin für sie brauchte. Irgendwann hatte sie aufgehört Kerben für die Sommer und Winter in einen Holzstab zu ritzen, immer so viele in eine Reihe, wie sie Finger an beiden Händen hatte. Ich bin alt geworden, dachte sie. Wenn ich zu den *Anderen* gerufen werde, gibt es niemanden mehr bei den Flussleuten, der heilen kann.

Tanea hätte meine Nachfolgerin werden können. Aber sie haben ihr nur Ablehnung und Hass entgegengebracht. Sie muss zu ihren Leuten gehen. Dann erinnerte sie sich, worum Tanea sie gebeten hatte.

»Ich werde dir jetzt sagen, wie du die Menschenmutter rufen musst. Auch die Zusammensetzung des bitteren Tranks werde ich dir verraten. Des Tranks, durch den

Menschen im Traum Antworten auf ihre Fragen bekommen.«

Taro kam erst in tiefer Nacht zurück. Luta sprach leise mit ihm, bevor er sich zu Tanea legte. Im Halbschlaf legte sie ihren Kopf in seinen Arm, so wie sie jede Nacht einschlief. Aber diesmal wurde sie wach und schlief auch nicht wieder ein. Taro spürte es an ihren unregelmäßigen Atemzügen. Er zog sie dichter an sich heran.
»Ich gehe morgen weg«, flüsterte Tanea. »Aber ich werde immer an dich denken, Taro. An dich und die Berge, an die Höhle der Menschenmutter, an alles hier.«
Taro antwortete leise. »Ich habe lange nachgedacht. Es ist gut, dass du zum Wolfsclan gehst, wo du hingehörst. Wenn ich nicht der Mann wäre, der die Geheimnisse seines Clans bewahrt, ich ginge mit dir. Aber sie brauchen mich hier. Das weißt du. Ich werde dir morgen den Weg zeigen. Aber ich muss zum Fluss gehen. Sie warten darauf, dass ich die Rituale des neuen Lebens bringe. Ich darf sie nicht länger warten lassen.«
»Du gehst wieder zu ihnen?«
»Ja. Ezuk sagte mir, wie sehr sie zerstritten sind, wie der Hunger und die Kälte sie ängstlich gemacht haben. Sie werden sterben, wenn sie nicht zusammenhalten. Ich muss sie wieder vereinen. Die Flussleute sind aufeinander angewiesen.«
»Wie willst du das machen?«, fragte Tanea verzagt. Sie hatte auch von Luta und den beiden Frauen gehört, wie schrecklich der Winter gewesen war und wie sie, als der Fluss eisfrei wurde, ihre Toten ohne alle Ehrfurcht einfach ins Wasser geworfen hatten. Meinte Taro auch das, wenn er sagte, sie brauchten ihn? Auf ihre Frage gab Taro keine

Antwort. Er wusste selbst nicht, ob seine Macht als Hüter der Geheimnisse des Clans noch ausreichte, um etwas zu verändern. Aber versuchen musste er es. »Ezuk, Arun und Monk werden in diesem Sommer wilde Pferde aus der Herde fangen«, lenkte er ab. »Hast du einen Rat, den du ihnen geben kannst? Du hast doch Erfahrungen gesammelt.«
Tanea freute sich. Taro bat sie um Rat. »Nicht nur Hengste sind wichtig«, sagte sie. »Wenn es Stuten gibt, die noch nicht gefohlt haben, oder solche, die Fohlen mit sich führen, müssten sie diese einfangen. Mognu sagte, junge Tiere, die bei Menschen leben, lassen sich besser zähmen. Und wenn Stuten dabei sind, bleiben auch die Hengste. Sie werden die Stuten bespringen und daraus entstehen wieder Fohlen . . .«
»Was du alles weißt«, sagte Taro. Und er dachte: Wie schön wäre es, wenn ich ein junger Mann wäre, wie Henek einer gewesen ist! Ich wünschte mir dann nichts anderes, als mit Tanea zu leben. Sie würde unseren Söhnen und Töchtern eine Mutter sein, auf die ich stolz wäre. Aber ich bin alt und Tanea hat das Recht, mit einem jungen Gefährten zu leben.
Trotzdem wiederholte er, was auch Luta gesagt hatte. »Komm zurück, wenn du sie nicht findest oder wenn sie nicht so sind, wie du hoffst.«
Dann setzte er hinzu: »Aber gib nicht zu früh auf. Versuche erst, mit ihnen zu leben.«
Luta war schon früh auf den Beinen. Sie legte zurecht, was Tanea mitnehmen sollte. Ihre Gedanken eilten Tanea auf ihrem Weg voraus und voller Schrecken dachte sie daran, was Tanea unterwegs alles zustoßen konnte. Sie war doch fast noch ein Kind.

Tanea beobachtete Luta von ihrem Schlafplatz aus. Sie wollte nicht zeigen, dass sie schon wach war, weil sie den Augenblick hinauszögern wollte, in dem sie Taros schützende Nähe aufgeben musste. Taro war erst gegen Morgen in einen tiefen Schlaf gefallen. Tanea wandte den Kopf ein wenig und schaute ihn an. Noch nie hatte sie ihn so aufmerksam betrachtet: Sein Gesicht war scharf geschnitten, tiefe Falten durchzogen seine Stirn. Haar und Bart waren fast weiß geworden, auch das Brusthaar hatte die gleiche Farbe. Wie sehr er Ezuk ähnelte. Ezuk und Arun. Später einmal würden die beiden so aussehen wie Taro. Nur nicht ganz so groß waren sie. Taro überragte sie um einen halben Kopf. Tanea musste sich zwingen ihn nicht zu streicheln, so wie er es mitunter liebevoll tat. Aber davon wäre er aufgewacht. Und sie wollte noch ein wenig bei ihm liegen.
Auch Luta beobachtete sie. Sie ähnelte ihrem Bruder auch. Aber eher in ihren Bewegungen, in der Bedächtigkeit, mit der sie ihre Arbeiten verrichtete, in der Sicherheit, mit der sie alles tat. Sie schloss die Augen wieder und holte Ezuks Bild in ihr Gedächtnis. Seine Bewegungen waren langsamer geworden, obwohl ihn sein kürzeres Bein nicht sehr behinderte. Es ist gut, dass er wieder ohne Krücken laufen kann, dachte Tanea. Ich hätte es nicht ertragen können wegzugehen und zu wissen, dass er immer auf die Hilfe anderer angewiesen ist. Ezuk, Taro und Luta – das waren die Menschen, die ihr am meisten fehlen würden. Warum bleibe ich nicht hier?
Sie brauchen dich!
Wer waren *sie?* Tanea konnte sich nicht vorstellen, wie

sie aussahen, wie *sie* lebten. Aber ich muss zu ihnen, dachte sie immer wieder. Und zum ersten Mal gestand sie sich ein, dass sie hier immer Heneks Bild vor Augen haben würde.
Noch einige Augenblicke gönnte sie ihren Erinnerungen: Jetzt war es ihr möglich, Henek zu sich zu rufen. Sie sah ihn neben den Pferden stehen, lachend und übermütig. Jung, sehr jung. Noch kein Mann und doch schon einer, der sie in den Strudel mit sich reißen konnte, der sie und ihn eins sein und alles vergessen ließ.
Tanea ließ es zu, dass sie mit Henek untertauchte in dieses Gefühl, und wünschte, nie wieder etwas anderes spüren zu müssen . . .
War sie noch einmal eingeschlafen? Der Platz neben ihr war leer. Auch Luta war nicht in der Höhle. Tanea sprang auf und lief hinaus. Sie war wie benommen und konnte den Traum nicht abschütteln. Unten auf der Wiese sah sie Luta mit Wigu stehen. Da wandte sie sich ab, weil ihr die Tränen in die Augen kamen. Der Traum, der sie noch immer umfangen gehalten hatte, verschwand.
Luta hatte vieles bereitgelegt, was Tanea mitnehmen sollte. Aber Tanea schüttelte nur leicht den Kopf. Sie zog den neuen Kittel an, den sie auch für die Menschenmutter angelegt hatte. Bevor sie die Füßlinge überstreifte, fühlte sie nach ihrem Amulett, dem Bernstein. Diesen Schmuck wollte sie als einzigen mitnehmen.
Aus den Dingen, die Luta hingelegt hatte, suchte sie ihre Wurfschleuder heraus, den Grabstock und das scharfe Steinmesser. Auch Feuersteine nahm sie mit und Zunder. Einen kleinen Beutel Salz legte sie dazu und den warmen Fellumhang mit der Kapuze, der ihr unterwegs Wärme und Schutz vor Regen geben konnte. Nach kurzem Über-

legen packte sie noch ein Paar Füßlinge ein. Der Weg war weit.

Sie war froh, dass sie allein in der Höhle war. Nachdem sie alles zu einem Bündel verschnürt hatte, legte sie auf Lutas Schlafplatz eine Halskette, die Mognu für sie aus Pferdehaar geflochten hatte. Die alte Schamanin hatte viele gute Wünsche hineingeflochten. Die sollten nun für Luta wirken.

Auf Taros Schlafplatz legte sie ihren kleinen Bogen und die Pfeile. Sie hatte lange nicht mehr damit gejagt. Aber Taro würde wissen, warum sie ihm dieses Geschenk hinterließ: Er sollte für sich und die Jäger des Bärenclans diese Art des Jagens übernehmen. Die Männer der Pferdeleute wussten damit gut umzugehen. Für Ezuk legte sie einen kunstvoll geflochtenen langen Riemen bereit. Er würde ihn an sie erinnern, wenn er damit zur Wildpferdherde ging, um sich ein Pferd zu fangen.

Bevor Tanea die Höhle verließ, ging sie zu dem Eingang der Kulthöhlen.

Sie wagte nicht, allein hineinzugehen. Aber sie lehnte ihren Kopf an den Felsen und sagte: »Mutter aller Menschen, ich gehe fort von hier. Ich werde bei denen leben, die mich nicht haben wollten, als ich ein Kind von wenigen Tagen war. Jetzt kehre ich zurück als eine Frau, die heilen kann. Werde ich dich dort wieder finden? Luta sagte, ich könnte dich überall finden, wenn ich die Augen schließe und dich rufe. Ich werde sicher oft deinen Rat suchen.«

Dann wandte sich Tanea um und hob ihr Bündel auf. Ohne sich noch einmal umzudrehen, verließ sie die Höhle über den schmalen Pfad im Felsen. Die anderen warteten schon auf sie. Sie verabschiedete sich von Wigu und Sele.

Monk hob nur leicht die Hand, aber seine Augen waren voller Trauer.
Besonders der Abschied von Ezuk machte ihr das Herz schwer. Sie gab ihm den langen Fangriemen. Sie sah, wie seine Hand das Leder umkrampfte. »Du weißt, dass ich schon zweimal zu dir zurückgekommen bin«, sagte sie lächelnd, obwohl ihr die Tränen in die Augen schießen wollten. Ezuk konnte nicht reden, weil ihm der Hals eng wurde. Er nickte nur.
Luta schaute prüfend auf das Wenige, das Tanea mitnahm. »Ich habe dir viel mehr bereitgelegt. Hier ist noch etwas für den ersten Hunger. Warum hast du das andere zurückgelassen?«
»Ich will nicht als eine Frau zu ihnen gehen, die etwas Besonderes ist. Sie können später erfahren, was ich kann und was ich weiß. Was ich brauche, habe ich im Kopf. Und es ist viel, Luta, was du mich gelehrt hast. Ich werde nichts davon vergessen.«
Sie legte ihr Bündel noch einmal ab und umarmte Luta, so wie am ersten Tag, als sie bei den Menschen am Großen Fluss angekommen war. Und wie damals spürte sie den kräftigen Herzschlag Lutas. Schnell und unruhig.
Taro stand ein wenig abseits. Er strahlte Ruhe und Zärtlichkeit aus. »Wenn du den warmen See erreicht hast, gehe dorthin, wo die Sonne abends untergeht. Morgens musst du sie im Rücken haben. Du wirst bestimmt Spuren finden, wo sie gerastet haben. Es wird lange dauern, bevor du bei ihnen bist.«
»Ich werde sie finden. Und ich werde Geduld haben.«
Taro streckte die Hand aus und strich ihr noch einmal übers Haar und über das Gesicht, so wie er es oft getan hatte. Tanea wollte den Abschied nicht länger hinauszö-

gern, sonst würde sie bestimmt in Tränen ausbrechen. Ich muss gehen, dachte sie. Sie brauchen mich.
Sie nahm ihr Bündel und lief davon. Als sie am Pass ankam, der ihr die Sicht auf die Felsen und die darunter liegenden Wiesen nahm, drehte sie sich noch einmal um. Sie wusste, dass ihr die Blicke der anderen folgen würden, bis sie nicht mehr zu sehen war. Taro hatte sie anders angesehen als sonst. Seine Augen würde sie nie vergessen, wohin sie auch ging.

Wort- und Sachverzeichnis

Amulett: magischer Anhänger, der seinem Träger Glück bringen und Schutz und Kraft verleihen soll. Wird am Körper getragen.

Arbeitsteilung: Zwischen Männern und Frauen gab es diese schon sehr früh. Während die Männer zur Jagd gingen und für die Herstellung von Waffen und den Schutz des Clans zuständig waren, fielen den Frauen neben der Zubereitung und Haltbarmachung der Speisen auch die Bearbeitung der Felle, das Sammeln pflanzlicher Nahrung, Heilkunde und Kindererziehung zu.

Clan: auch Sippenverbände oder Horden. Gruppen von Menschen, die durch verwandtschaftliche Beziehungen miteinander verbunden sind.

Fellbearbeitung: Die Häute mussten abgenagt, dünn geschabt und während des Trocknens ständig geklopft und gewalkt werden, damit sie geschmeidig blieben. Eine Methode des Gerbens war auch schon bekannt. Es wurden pflanzliche Gerbstoffe aus Eichen-, Fichten- und Weidenrinde benutzt, später auch Mineralien, z. B. schwefelsaure Tonerde.

Felsbildkunst: naturgetreue, figürliche Darstellung meistens von Tieren, die die Rolle des Tieres in der Vorstellungswelt des Steinzeitmenschen widerspiegeln. Das Tier als Wirtschaftsfaktor, Feind, Freund, Totem, Geschlechtssymbol, Gottheit . . .

Fettlampe: In einer Schale aus Stein oder Knochen wurden ölige Tierfette langsam abgebrannt. Als Docht verwendete man gedrehte Pflanzenfasern.

Feuer: Die Menschen entdeckten den Gebrauch des Feuers vor ca. 500.000 Jahren. Drei Stufen lassen sich unterscheiden: 1. Suche eines natürlichen Feuers (z. B. Blitzeinschlag), 2. Bewahren eines natürlichen Feuers (z. B. Pferdeclan) oder 3. Erzeugen eines Feuers durch Reibung (Letzteres vermutlich erst in den letzten 100.000 Jahren bei einzelnen Gruppen). Feuer durch Reibung konnte mittels eines »Quirls« entfacht werden, der sehr schnell in ein trockenes Holzstück gebohrt wurde. Später wurde dazu Feuerstein verwendet, ein hartes Quarzgestein aus der Kreidezeit.

Höhlenbären und Mammute waren wichtige Tiere für die Menschen der Steinzeit. Beide Tierarten starben aus, als vor ca. 10.000 Jahren die letzte Phase der so genannten Warm-Kaltzeit zu Ende ging. Höhlenbären hielten Winterschlaf und waren dadurch relativ leicht zu erlegen. Mammute wurden bis zu 4,5 m groß. Diese Tiere lieferten (zusammen mit Wollnashörnern, Eisfüchsen, Wölfen und Bisons) den Menschen Nahrung, Kleidung und Materialien für den Zelt- und Wohnungsbau.

Höhlenkult: wurzelte wahrscheinlich im Glauben an eine Wiedererstehung des erlegten Jagdtieres in der Unterwelt, als deren Zugang die Höhle angesehen wurde.

Jagd: Die Menschen der Steinzeit waren oft Nomaden und stark vom Jagdglück abhängig. Bei größeren Tieren (z. B. Mammut) war eine gemeinschaftliche Jagd erforderlich. Manchmal wurden Tiere auch in Fallen gelockt oder auf einen Abgrund zugetrieben, den sie dann hinabstürzten.

Jagdwaffen waren unter anderem Speere mit Stein- oder Knochenspitzen, Speerschleudern, später Pfeil und Bogen.

Kleidung wurde in der Steinzeit aus den Fellen und Häuten der erbeuteten Tiere gefertigt. Die ersten Nadeln wurden vor etwa 20.000 Jahren benutzt. Sie waren aus Knochen gefertigt und hatten später auch ein Öhr. Die Steinzeitmenschen nähten aus Fellen und Häuten nicht nur Kleidung, sondern auch Zeltplanen und sie fertigten Wassersäcke und »Kochtöpfe« aus Leder.

Kochen: In die mit Leder ausgelegten Kochgruben wurden stark erhitzte Steine gelegt, die das Wasser zum Sieden brachten. Auf diese Weise konnte man Suppen aus Fleisch und Gemüse herstellen. Die besten Fleischstücke wurden an Spießen gebraten.

Orakel: Zukunftsdeutung, Schicksalsspruch. Rätselhafte Aussage über zeitlich oder räumlich Entferntes, Rat zu rechtem Handeln in zweifelhaften Situationen.

Schamane: Der Schamane ist der religiöse Mittler zwischen Menschen und dem Jenseits. Er verfügt über Kenntnisse der Geisterwelt, der Traditionen und Mythen seines Volkes und der Krankenheilung. In der Heilung Kranker besteht auch eine seiner wichtigsten Aufgaben.

Totem: ein Tier, eine Pflanze oder ein Naturphänomen, zu dem sich ein Mensch beziehungsweise eine Gruppe in besonderer Beziehung sieht. Das Totem wird als zauberischer, Schutz gewährender Helfer verehrt und darf nicht getötet oder verletzt werden. Das Totem ist ein starkes Bindeglied innerhalb einer Gruppe. Das kommt in Kulten und Riten zum Ausdruck, die die Einheit der Gruppe nach außen festigen.